РЕГИОНОВЕДЕНИЕ УКРАИНЫ
乌克兰区域概况

主编　任雪梅

编者　任雪梅　〔乌克兰〕Г. Школа

图书在版编目(CIP)数据

乌克兰区域概况/任雪梅主编. —北京：北京大学出版社，2020.5
（新丝路·语言）
ISBN 978-7-301-30085-5

Ⅰ.①乌⋯　Ⅱ.①任⋯　Ⅲ.①俄语–高等学校–教材 ②乌克兰–概况　Ⅳ.①H359.39

中国版本图书馆CIP数据核字(2018)第274489号

书　　　名	乌克兰区域概况
	WUKELAN QUYU GAIKUANG
著作责任者	任雪梅　主编
责任编辑	李　哲
标准书号	ISBN 978-7-301-30085-5
出版发行	北京大学出版社
地　　址	北京市海淀区成府路205号　100871
网　　址	http://www.pup.cn　新浪微博：@北京大学出版社
电子信箱	pup_russian@163.com
电　　话	邮购部010-62752015　发行部010-62750672　编辑部010-62759634
印刷者	三河市博文印刷有限公司
经销者	新华书店
	787毫米×1092毫米　16开本　10.75印张　300千字
	2020年5月第1版　2020年5月第1次印刷
定　　价	55.00元

未经许可，不得以任何方式复制或抄袭本书之部分或全部内容。
版权所有，侵权必究
举报电话：010-62752024　电子信箱：fd@pup.pku.edu.cn
图书如有印装质量问题，请与出版部联系，电话：010-62756370

前　言

本书以介绍乌克兰区域地理、历史、文化、经济等为主要内容，选材方面节选了部分相关资料。

乌克兰地处欧洲东部，与波兰、斯洛伐克、匈牙利、罗马尼亚、摩尔多瓦、俄罗斯、白俄罗斯接壤，领土面积在欧洲国家中排名前列。乌克兰地理位置优越，是连接西欧、外高加索和中亚国家的交通要道。从地理景观看，乌克兰拥有波列西耶、沃伦-波多尔高地，拥有第聂伯河沿岸平原的森林沼泽和森林草原，拥有北方草原和中俄罗斯高地的山地景观，拥有黑海沿岸低地、亚速海沿岸的南方草原以及喀尔巴阡山脉等。

乌克兰是欧洲矿产资源最丰富的国家之一，其非金属矿藏在欧洲乃至世界位居前列。乌克兰充足的矿产资源，可以满足冶金、化工、玻璃工业发展以及陶瓷、铸件、建材生产的需求。乌克兰的贵金属和宝石储量也较大。

乌克兰土地肥沃，森林资源极其丰富。森林草原覆盖了乌克兰的大部分地区，其森林资源在国家经济发展中也发挥着重要作用。森林草原生活的动物构成了乌克兰的动物生态景观。

乌克兰是旅游胜地和疗养胜地。那里风光秀丽，气候适宜，具有浓厚民族风情和独特的民族文化。底蕴深厚的斯拉夫文化是乌克兰的重要民族文化特征，历史文化遗产丰厚。湖泊、河流、森林、温泉等为旅游和疗养提供了丰富的资源。

乌克兰的行政区划分为自治共和国、州、区、市、镇和村。各州经济发展水平不一，历史和文化特色各异。

本书还介绍了乌克兰不同历史时期的地理区域，这些区域是受气候、政治、地理、历史、民族等各方面因素影响而形成的。随着时间的推移，这些区域的疆界、名称和人口都在变化。一些地区的通用名是近半个世纪以来形成的（如利沃夫、赫梅利尼茨基、卢甘斯克、苏梅、敖德萨等）。同时，几百年来形成的名称（如加利西亚、布科维纳、斯洛博茨科伊、波多里亚）也还在广泛地使用着。

书中还介绍了区域生态问题，以及当地环境评估及环境保护的一些措施。

本教材共分为两个部分。

第一部分为乌克兰国家概况，主要由以下几个方面构成：地理位置、山川河流、气候自然、人口、行政区划、国家制度、历史、外交、经济、交通、社会环境、大众传媒、科学、体育、文化艺术、民族美食等。

第二部分介绍乌克兰五个不同区域的差异性，分析了各区域的经济、文化特点及其生态环境。通过本教材，读者将对乌克兰具有较为全面、客观的了解。

本书在撰写过程中得到Ирина Синица的大力支持，大连外国语大学俄语翻译专硕研究生安琪、杨翕如、马浣懿等八名同学在中文导言翻译方面给予支持，在此一并表示感谢。由于作者水平所限，本书在写作过程中未免会出现瑕疵或错误之处，敬请批评指正。

ПРЕДИСЛОВИЕ

Пособие содержит основные сведения об Украине и украинском народе: о географическом положении страны, ее климате и природе, культуре, об основных этапах истории, политической и административной системе, внешней политике; экономике.

Украина - государство в Восточной Европе, которое граничит с Польшей, Словакией, Венгрией, Румынией, Молдовой, Россией, Беларусью и обладает самой большой территорией из государств, целиком находящихся в Европе. Географическое расположение Украины достаточно выгодное: через ее территорию проходят важнейшие транспортные магистрали, связывающие Западную Европу со странами Закавказья и Центральной Азии.

В учебнике представлена информацию о ряде географических ландшавтов Украины: лесоболотные и лесостепные ландшафты Полесья, Волыно-Подольской возвышенности и приднепровской равнины; ландшафты Северных степей, склонов Волыно-Подольской и Среднерусской возвышенности; ландшафты Южных степей; лесолуговые горные ландшафты.

Особое внимание уделено экономике страны. Украина считается одной из богатейших в Европе по разнообразию и количеству минеральных ресурсов. Страна также занимает ведущее место в Европе и мире по залежам нерудных (неметаллических) полезных ископаемых, обладает достаточной сырьевой базой для металлургической, фарфоровой, химической, фаянсовой промышленности, производства керамики, литья, строительных материалов; открыты залежи драгоценных и полудрагоценных камней.

Пособие дает представление об основных типах почв и особенностях их географического расположения. На украинских черноземах собирают хорошие урожаи разных сельскохозяйственных культур. Растительные ресурсы Украины - это, прежде всего, ее леса, которые играют важную роль в хозяйстве страны. Большая часть государства - лесостепь. И в лесах, и в степи есть много диких животных, которые составляют животные ресурсы Украины.

Подробно освещаются разделы, непосредственно связанные с туристическим страноведением. Украина - страна с чудесной природой и редким колоритом традиций, страна лечебного мягкого микроклимата, самобытного народного искусства и глубокой славянской культуры. Богатое историко-культурное наследие, озера, реки, леса, лечебные торфяные грязи, минеральные воды - все это создает необходимые предпосылки для организации и функционирования культурно-познавательного туризма.

Учебник содержит информацию об административно-территориальном устройстве современной Украины. В составе государства - автономная республика, области, районы, города, поселки городского типа, сельские населенные пункты. Разные области Украины отличаются по своему уровню экономического развития, историческим и национально-культурным особенностям.

В пособии описано историко-географические регионы, которые складывались в течение веков под влиянием разнообразных факторов: климатических, политических, географических, исторических, этнических. С течением времени границы, названия и численность таких регионов менялись. В частности, в настоящее время обычно употребляются названия регионов, которые происходят от названий существующих более полувека областей (Львовщина, Хмельнитчина, Луганщина, Сумщина, Одесщина и т. п.). Это свидетельствует о том, что формируются новые регионы со своими внутренними связями вокруг областных центров. В то же время широко употребляются и названия регионов, которые складывались в течение предыдущих веков (например, Галичина, Буковина, Слобожанщина, Подолье).

Проанализированы основные экологические проблемы Украины. Также рассмотрены отдельные подходы к охране и оценке состояния окружающей среды.

Настоящее учебное пособие состоит из двух частей.

Первая часть объединяет общие сведения о стране: географическое положение; горы и реки; климат и природа; население; административное деление; государственное устройство; происхождение названия; история; внешняя политика; экономика; транспорт; социальная сфера; СМИ; наука; спорт; культура; искусство; национальная кухня.

Вторая часть содержит подробную информацию об отличительных

ПРЕДИСЛОВИЕ

особенностях пяти регионов Украины. Выделено экономические особенности, культурную специфику и экологическую обстановку в регионах. В результате изучения курса у студентов должно сложиться комплексное научное представление об особенностях экономики и политики Украины; о культурно-национальной специфике регионов страны.

В работе над подготовкой учебника помогали преподаватель из Украины, доктор филологических наук Ирина Синица и магистранты ДУИЯ, которым мы выражаем признательность за помощь в редактировании и переводе нашего учебника. Авторский коллектив всегда ждёт замечания и предложения по данной работе.

ВВЕДЕНИЕ

Настоящее учебное пособие по курсу «Регионоведение Украины» входит в состав серии учебно-методических пособий по регионоведению стран ШОС, разрабатываемых авторским коллективом Даляньского университета иностранных языков. Предлагаемое пособие разработано, прежде всего, для учащихся бакалавриата и магистратуры высших учебных заведений, изучающих регионалистику в рамках программ Университета ШОС по направлению подготовки «Регионоведение». Кроме того, пособие может быть использовано и для изучения регионоведения как дополнительной или факультативной дисциплины.

Учебное пособие рассчитано, прежде всего, на самостоятельную внеаудиторную работу учащихся. Авторский коллектив в ходе разработки методической концепции пособия принимал во внимание тот факт, что система преподавания регионоведения в высшей школе КНР находится на стадии формирования, а стандарты содержания соответствующих курсов – на стадии определения. В подобной ситуации предлагаемый учебник мог бы сыграть консолидирующую роль единого пособия для составления авторских лекционных курсов, мультимедиа-курсов, контрольно-измерительных материалов и учебных материалов по локальным вопросам.

Особенностью данного пособия является выбор содержательного материала ознакомительного и доступного уровня для учащихся. Вместе с тем, авторский коллектив указывает на объективные трудности с освоением предложенного текста, неизбежно возникающие у китайских учащихся с недостаточным уровнем владения русским языком. Как представляется авторам пособия, его применение оптимально для учащихся IV курса бакалавриата языковых специальностей китайских вузов или для магистрантов.

乌克兰区域概况

  Настоящий учебник на ознакомительном уровне рассказывает учащимся об основных отличительных особенностях Украины. Структурно учебник состоит из двух частей. В первой части изложены общие сведения о стране. Вторая часть содержит подробную информацию об отличительных чертах Украины. Рассматриваются особенности социально-экономического развития, национальной культуры и экологии регионов.

СОДЕРЖАНИЕ

ЧАСТЬ 1 ОБЩИЕ СВЕДЕНИЯ О СТРАНЕ 1
  Глава 1 Физико-географическая характеристика 2
  Глава 2 Население 5
  Глава 3 Государственное устройство 6
  Глава 4 Происхождение названия 9
  Глава 5 История 10
  Глава 6 Внешняя политика 13
  Глава 7 Экономика 16
    7.1. Промышленность 17
    7.2. Сельское хозяйство 20
    7.3. Туризм 21
  Глава 8 Транспорт 28
  Глава 9 Здравоохранение и образование 30
    9.1. Здравоохранение 30
    9.2. Образование 33
  Глава 10 Средства массовой информации (СМИ) в Украине 38
  Глава 11 Спорт 40
  Глава 12 Культура и искусство 43
  Глава 13 Национальная кухня 53

ЧАСТЬ 2 РЕГИОНЫ УКРАИНЫ 64
  Глава 1 Северная Украина 68
    1.1. Общая характеристика региона 68
    1.2. Социально-экономические особенности региона 69
    1.3. Природные и культурные достопримечательности 71
  Глава 2 Западная Украина 87
    2.1. Общая характеристика региона 88

  2.2. Социально-экономические особенности региона ·················· 89
  2.3. Природные и культурные достопримечательности ··············· 91
Глава 3 Центральная Украина ··· 112
  3.1. Общая характеристика региона ································· 113
  3.2. Социально-экономические особенности региона ··············· 114
  3.3. Природные и культурные достопримечательности ············· 115
Глава 4 Восточная Украина ·· 123
  4.1. Общая характеристика региона ································· 124
  4.2. Социально-экономические особенности региона ··············· 124
  4.3. Природные и культурные достопримечательности ············· 127
Глава 5 Южная Украина ·· 136
  5.1. Общая характеристика региона ································· 137
  5.2. Социально-экономические особенности региона ··············· 138
  5.3. Природные и культурные достопримечательности ············· 141
Глава 6 Экологическое состояние отдельных регионов ················ 149

Литература ·· 156

ОБЩИЕ СВЕДЕНИЯ О СТРАНЕ

乌克兰国家概况

乌克兰的领土面积在欧洲国家中仅次于俄罗斯的欧洲部分，与俄罗斯、白俄罗斯、波兰、斯洛伐克、匈牙利、罗马尼亚和摩尔多瓦接壤，首都为基辅，官方语言为乌克兰语，货币为格里夫纳。

乌克兰位于第聂伯河流域，第聂伯河将其一分为二，即第聂伯左岸、第聂伯右岸。乌克兰南部濒临黑海和亚速海，众多河流汇聚流入黑海。第聂伯河从北到南流经乌克兰全境，是乌克兰境内最长的河流，也是欧洲第三大河流。作为欧洲重要水路交通干线的多瑙河也流经该地。这里气候温和，有利于农业生产。

乌克兰共有130多个民族，乌克兰人占绝大多数，各民族享有平等的权利。约1100万乌克兰人侨居国外，主要分布在俄罗斯、美国、加拿大、阿根廷、澳大利亚和欧洲。

基督教是乌克兰最主要的宗教，除基督教外，乌克兰还有伊斯兰教、犹太教、佛教等其他宗教。

乌克兰的国家政权包括：拉达（议会，制定国家法律的立法部门）、政府（执行国家法律的执行部门）、法院（监督执法的司法部门）。

总统为国家元首，国家的主要立法机构是乌克兰最高拉达，宪法是国家根本法，权力主要执行机构为政府，总理是政府首脑，宪法法院、最高法院等为司法机构。

乌克兰历史悠久，几千年来，在乌克兰的土地上诞生了古老的文明和国家。世界上较早的文明之一的特里波耶文化，以及赛西亚、大萨尔马提亚、安吉亚、基辅罗斯、哥萨克国和现代的乌克兰都诞生于此。

乌克兰对外政策的宗旨是将乌克兰建设为独立的民主国家；确保乌克兰稳定的国际地位；保护领土的完整性和不可侵犯性；将国民经济纳入世界经济体系；增进人民福祉；保护乌克兰公民及其境外法人的权利和利益；在国际社会塑造乌克兰可靠合作伙伴的形象。乌克兰积极参与联合国、欧洲安全与合作组织等国际组织的工作。

乌克兰的经济结构由重工业、农业、建筑、交通、通讯、贸易、教育和医疗等组成。主要工业有冶金、食品、电力、工程、采矿等。农业方面，乌克兰土质优良，一半以上的农业用地为黑土地，具有种植小麦、甜菜和向日葵的优良条件。

乌克兰的交通发展迅速，拥有各种现代化的交通工具。黑海和亚速海沿岸修建了国际化港口。同时乌克兰还拥有通往欧洲的天然气输送管道和天然气储存网。

乌克兰的教育体系包含学前教育、普通中等教育、职业技术教育、大学教育、研究生教育、副博士和博士教育等。

乌克兰在饮食方面有自己的特点，面包是乌克兰饮食中非常重要的组成部分，其象征着热情好客和平安幸福。人们经常用面包和盐来迎接客人。广受欢迎的民族美食是红菜汤、乌克兰饺子、面疙瘩汤、稀粥。最受欢迎的饮料是乌兹瓦尔（水果干熬成的蜜饯汁）、格瓦斯、加利尔加（伏特加）。

Глава 1　Физико-географическая характеристика

乌克兰的地理特征

本章主要讲述的是乌克兰的地理特征。乌克兰拥有优越的地理位置和地缘政治优势，自然资源丰富，劳动力和生产潜力巨大，经济发展前景广阔。乌克兰位于欧洲中部，是欧洲通向亚洲大陆的交通枢纽，是斯堪的纳维亚半岛国家通往地中海地区的咽喉要塞。乌克兰和许多国家接壤，其中包括俄罗斯、白俄罗斯、波兰、斯洛伐克、匈牙利、罗马尼亚、摩尔多瓦等。

乌克兰大部分国土位于东欧平原西南部，一小部分位于喀尔巴阡山脉，中间属于喜马拉雅-阿尔卑斯山系。戈韦尔拉山是乌克兰的最高峰，同时它也是乌克兰境内的最高点，位于喀尔巴阡山脉的乔尔诺戈拉山山脊，海拔2061米。

乌克兰境内水资源丰富，中部地区的第聂伯河、西南地区的德涅斯特河、南方的南布格河、南多瑙河都流入黑海；北顿涅茨河从北向东汇入俄罗斯的顿河，西布格河自西向北汇入波兰的维斯拉河。

乌克兰动植物物种丰富，有近3万种植物、近4.5万种动物，其南部、中部、东部的大部分地区为草原，西部地区主要为喀尔巴阡山山地。

从气候条件看，乌克兰大部分地区为温带大陆性气候，虽然部分气旋和反气旋会导致天气变化，但大部分时间乌克兰天气晴朗，阳光明媚，年平均日照230天。西北部地区属于温湿气候特征，东南地区属湿度适中的温带气候特征，越往东南气候就越干燥，南部地区干燥炎热。乌克兰降水分布不均，喀尔巴阡山脉降水量最大。

ЧАСТЬ 1
ОБЩИЕ СВЕДЕНИЯ О СТРАНЕ

Украина – государство в центрально-восточной Европе. Население 42 721 954 человек (по данным государственной службы статистики Украины на 1 марта 2016 года). Территория в рамках конституционного устройства страны – 603 549 км². Страна занимает 32-е место в мире по численности населения и 43-е по площади.

Границы. Украина граничит с десятью государствами: по суше – на востоке и северо-востоке – с Россией, на севере – с Белорусью, на западе – с Польшей, Словакией, Венгрией, на юго-западе – с Молдовой и Румынией; по морю – с Болгарией, Турцией, Грузией, а также с Россией.

Столица – город Киев. Государственный язык – украинский. Денежная единица – гривна (UAH).

Независимость страны провозглашена 24 августа 1991 года. С 1922 по 1991 гг. Украина была республикой в составе СССР. Государство – соучредитель ООН, СНГ, ГУАМ, ОЧЭС и других международных организаций.

Рельеф. Основная часть территории Украины расположена в пределах юго-западной части Восточно-Европейской равнины и представляет собой сочетание холмистых возвышенных участков (Волынская, Подольская, Приднепровская, Приазовская возвышенности, Донецкий кряж) и обширных низменностей (на севере – Полесская, на юге – Причерноморская, в центре – Приднепровская, на западе – Закарпатская).

На горные системы приходится лишь 5 % площади страны. На западе Украины расположены Карпатские горы, где находится высочайшая точка страны – гора Говерла (2061 м).

Географический центр Европы по измерениям, проведённым в 1887 году военным ведомством Австро-Венгрии, а также советскими учеными после Второй мировой войны, располагается на территории современной Украины, недалеко от города Рахов Закарпатской области, хотя по другим вычислениям на это звание претендуют также точки в других государствах.

Климат на большей части страны умеренно континентальный. Степень континентальности растёт в направлении от запада и северо-запада к востоку и юго-востоку. По мере роста континентальности лето становится более жарким, а зима более холодной, и уменьшается количество осадков. Для Карпат характерен горный тип климата. Лето на всей Украине тёплое и длительное, на востоке и юге – жаркое и сухое, на западе – тёплое и влажное. Зима сильно зависит от региона. Мягкая зима наблюдается на юге и западе, наиболее холодные зимы – на северо-востоке Украины.

Внутренние воды. В стране насчитывается свыше 73 тыс. рек, протяженность 131 из них превышает 100 км. Реки Украины принадлежат к бассейнам Черного и Азовского морей, только Западный Буг и другие правые притоки Вислы относятся к бассейну Балтийского моря.

Среди водных артерий следует отметить: Днепр – в центре страны, Южный Буг и Днестр – на западе, Донец – на востоке, Дунай – на юге. Западный Буг течет на север и на территории Польши впадает в Вислу.

Днепр разделяет страну на две части, которые имеют свои исторические и культурные особенности, – Правобережную и Левобережную. На Днепре создан каскад крупных водохранилищ: Киевское, Каневское, Кременчугское, Днепродзержинское, Каховское.

Фонд водных объектов включает свыше 7 тыс. озер, преимущественно малых (лишь 30 водоемов превышают по площади 10 км²). Наиболее привлекательными в рекреационном отношении являются лиманные озера побережья Черного моря (Куяльникский, Хаджибейский, Тилигульский лиманы), озеро Ялпуг (второе по величине пресноводное озеро Европы, один из самых старых водоемов в мире).

Южную часть Украины омывают воды Чёрного и Азовского морей, что позволяет ей выступать в роли самостоятельного морского государства и развивать морское сообщение с другими странами.

Почвы и растительность. Украина находится в зонах сосновых и смешанных лесов, лесостепи и степи. К северу от чернозёмного пояса распространены серые лесные и дерново-подзолистые почвы под смешанными лесами, к югу – тёмно-каштановые и каштановые почвы под сухими степями. Лесная зона включает разнообразные смешанные и лиственные леса с белой пихтой, сосной, буком и дубом, в лесостепной зоне леса в основном дубовые, а для степной зоны характерны травы и ленточные лесонасаждения.

Растительный мир Украины – богатый и разнообразный. Он характеризуется определенным флористическим составом и структурой растительного покрова. Флора страны насчитывает более 25 видов, в том числе сосудистых растений – более 4,5 тысячи, мохообразных – почти 800, водорослей – около 4 тысяч.

Животный мир Украины насчитывает более 40 000 видов. Из позвоночных водятся млекопитающие, птицы, рыбы, пресмыкающиеся, земноводные.

Для смешанных лесов наиболее типичны такие виды млекопитающих, как косуля, дикий кабан, олень, белка, барсук, куница, заяц, лиса, волк; из

ЧАСТЬ 1
ОБЩИЕ СВЕДЕНИЯ О СТРАНЕ

птиц – тетерев, рябчик, глухарь, скворец, синица, кулик, журавль серый; из пресмыкающихся – уж, гадюка обыкновенная, ящерица, черепаха болотная.

В степной зоне из млекопитающих водятся суслик, тушканчик, мышь полевая, хомяк, хорек, лисица, еж; из птиц – жаворонок, перепелка, овсянка, куропатка, журавль степной; из пресмыкающихся – полоз, гадюка степная. В животном мире лесостепной зоны сочетаются лесные и степные виды.

Глава 2 | Население

乌克兰的人口特征

本章主要讲述的是乌克兰的民族和人口特征。乌克兰为多民族国家，共130多个民族，其中主要居民为乌克兰族，占乌克兰总人口的大多数。其他人种包括俄罗斯人、白俄罗斯人、摩尔达维亚人、鞑靼人、波兰人、犹太人、罗马尼亚人、茨冈人、乌兹别克人等。

乌克兰族主要分布在乌克兰西部、中部、北部地区。极少数分布在东南、南部地区。乌克兰人口分布不均衡，东部各州和喀尔巴阡山脉附近各州人口密集。

据统计，城市人口占乌克兰总人口的70%左右。乌克兰人口分布不均由多种因素造成，如当地的自然历史条件、经济发展水平和开发程度等。

乌克兰城市规模的划分主要根据人口数量，分为小型（5万人口以下）、中型（5万—10万人口）、大型（10万—50万人口）、超大型（50万—100万人口）、百万人口城市（超过100万人口）。小型城市数量居多，占城市总量的74%。不同类型的城市其人口数量、社会经济发展水平及其各自履行的职能也各不相同。乌克兰1/3以上的城市人口居住在几个有限的大城市中，如百万人口城市（基辅、哈尔科夫、顿涅茨克、第聂伯、敖德萨）和超大型城市（利沃夫、扎波罗热、克里沃罗格、马里乌波尔）。

乌克兰的官方语言为乌克兰语。

乌克兰的主要宗教是基督教（东正教、天主教、新教），也有部分人信奉犹太教、伊斯兰教、佛教、印度教。

В Украине зарегистрировано 134 национальности. Большинство населения страны составляют украинцы (77,82 %). Второй по численности народ – русские (17,28 %). Сравнительно крупными этническими группами населения Украины являются: белорусы (0,57 %), молдаване (0,54 %), татары (0,51 %), болгары (0,42 %), венгры (0,32 %), румыны (0,31 %), поляки (0,30 %) и другие.

За пределами Украины (в Российской Федерации, США, Канаде, Казахстане,

Молдове, Румынии, Польше, Бразилии, Аргентине и Австралии) проживает 11-15 млн этнических украинцев.

Языковой состав. Государственный язык страны – украинский. Кроме государственного украинского языка, для общения используются и другие языки. В Украине, особенно в этнически смешанных районах (Закарпатье, Донбасс, юго-запад Одесской области), распространены явления билингвизма (двуязычия) и полилингвизма (многоязычия).

Религия. Господствующей религией в Украине является христианство, представленное православными, протестантскими и католическими конфессиями.

Самая влиятельная конфессия в Украине – православие. Его репрезентируют Украинская православная церковь Киевского патриархата (УПЦ КП), Украинская автокефальная православная церковь (УАПЦ) и Украинская православная церковь Московского патриархата (УПЦ МП).

Следующими по числу сторонников стали Украинская Греко-католическая церковь и Римско-католическая церковь. Достаточно широко распространены в Украине иудаизм (здесь проживает третья по величине иудаистская община в Европе и пятая в мире), протестантизм, ислам. Духовное богатство и многообразие религиозной жизни в Украине нашли свое отображение в большом количестве религиозных памятников и святынь.

Глава 3 Государственное устройство

乌克兰的国家制度

本章主要讲述乌克兰的国家制度。乌克兰宪法规定，乌克兰为主权独立、民主的法治国家。国家拥有领土主权，人民是主权的体现，一切权力来自于人民。人民通过国家政权机关与地方自治机关间接行使权力。

国家权力分为立法权、行政权、司法权。最高拉达（议会）为唯一立法机关。总统为国家领袖，总统是政府代言人，对乌克兰国家主权、领土、人民权利与自由负责。总统由乌克兰公民以不记名投票的方式直接选举产生。

司法权由乌克兰法院与其他各级法院行使。人民通过人民代表与陪审员间接参与司法权的行使。乌克兰法院做出的司法裁决需在乌克兰境内强制实施。最高法院为司法体系中最高司法部门，另设有上诉法院与地方法院。

> 国旗、国徽、国歌为乌克兰国家象征。乌克兰的国旗颜色为蓝色和黄色——历史上乌克兰是农耕区，蓝色和黄色象征蓝色的天空和金色的土地。
>
> 乌克兰国歌是一首爱国主义歌曲，是民族统一的象征。该国歌由法律规定，宪法规定在全国性的盛大典礼或仪式上，开始和结束时都要演奏国歌。
>
> 乌克兰国徽以蓝色为底色，附有金色三叉戟图案。

Политический строй Украины – президентско-парламентская республика с 1-палатным парламентом (Верховной Радой). Главой государства является Президент. С момента обретения независимости страны президентами были: 1991-1994 гг. – Леонид Кравчук, 1994-2005 гг. – Леонид Кучма, 2005-2010 гг. – Виктор Ющенко, 2010-2014 гг. – Виктор Янукович, с 2014 г. – Петр Порошенко. Президент также является Верховным Главнокомандующим Вооружёнными Силами Украины.

Президент избирается сроком на пять лет тайным голосованием на всеобщих прямых равных выборах, один и тот же человек не может занимать президентский пост более двух сроков подряд.

Правительство Украины – Кабинет Министров Украины, главой которого является Премьер-министр. В Правительство входят вице-премьеры (курируют по несколько министерств и ведомств), министры (возглавляют министерства) и главы ведомств, не имеющие министерской должности, но официально приравниваемые к министрам по статусу.

Законодательная власть. Единственным органом законодательной власти в стране является Верховная Рада Украины. Она является постоянно действующей структурой, созывается на сессии два раза в год. На своих регулярных сессиях Верховная Рада проводит инаугурацию избранного Президента Украины и утверждает основные направления государственного курса на пятилетний срок. Президент несёт ответственность перед Верховной Радой.

В компетенцию Верховной Рады входят разработка, принятие законов, утверждение государственного бюджета, ратификация международных соглашений, назначение всеукраинского референдума. Народные депутаты Украины избираются на пятилетний срок в ходе прямых всеобщих равных выборов, проводимых по смешанной системе.

Главный зал заседаний Верховной Рады

Судебная власть. Правосудие в Украине исполняется исключительно судами. Наивысшим судебным органом в системе судов общей юрисдикции является Высший специализированный суд по рассмотрению гражданских и уголовных дел. Верховный Суд Украины имеет статус органа, обобщающего судебную практику. Он имеет право пересмотра принятых решений.

Конституционный Суд Украины является отдельным, независимым от судов общей юрисдикции. Он не может быть кассационной, апелляционной или наблюдательной инстанцией для судов общей юрисдикции. Основным законом Украины является Конституция.

Государственная символика. В Украине есть 3 государственных символа – флаг, герб и гимн. Государственный *флаг* Украины представляет собой прямоугольное полотнище из двух равновеликих горизонтальных полос: верхней – синего и нижней – жёлтого цвета. Согласно популярной современной интерпретации, жёлтый цвет символизирует пшеничные поля, а синий – ясное небо над ними.

Государственный Герб Украины – один из трёх официальных символов государства, наряду с флагом и гимном. Состоит из Малого и Большого гербов. В настоящее время используется только Малый герб, утверждённый 19 февраля 1992 года. Большой герб Украины существует в виде законопроекта.

Флаг Украины с гербом

Малый *герб* государства – золотой тризуб на синем фоне. Как свидетельствуют исторические источники, восточные славяне использовали символические знаки ещё в период родоплеменного строя. Это мог быть крест, квадрат, ромб, круг, звёзды, цветы, звери и птицы. В Киевской Руси таким знаком стал трезубец. Он являлся государственной эмблемой и родовой печатью князей Рюриковичей. Его изображение можно встретить на печатях, монетах, оружии. Сначала он имел вид буквы Ш.

Существует много версий, которые объясняют происхождение трезубца. Одни учёные утверждают, что это рыбацкое снаряжение, другие – что это единение трёх природных стихий: воздуха, воды и земли. Есть ещё одна распространённая версия: трезубец – это изображение атакующего сокола. В современной независимой Украине трезубец стал официально признан как Малый герб страны.

Государственным гимном Украины является песня «Ещё не умерла Украина», музыку к которой написал Михаил Вербицкий, а слова Павел Чубинский.

Официальные праздники и даты. 1-2 января – Новый год; 7 января – Рождество Христово; 22 января – День Соборности Украины; 1 мая – День международной солидарности трудящихся; 8 марта – Международный женский день; День памяти и примирения; 9 мая – День Победы над нацизмом во Второй мировой войне; 28 июня – День Конституции Украины; 24 августа – День Независимости Украины; 14 октября – День защитника Украины; переменные даты – Пасха и День Святой Троицы.

Глава 4 Происхождение названия

乌克兰名称的由来

关于"乌克兰"一词的来源有两种说法：1. 郊区，边界地区；2. 边缘地区，国家。

按第一种说法，"乌克兰"这个词来自基辅罗斯时代。从12世纪开始，它在《伊帕季耶夫纪事》中首次被提到。

第二种说法是"边缘""边境""国家"的意思，象征土地和权力。这一说法一方面强调，乌克兰占有大量土地，是地处边缘的一个国家，另一方面指的是生活在这片土地上的人，即乌克兰人。

接近现代意义的"乌克兰"一词是从19世纪中叶开始使用的，在塔拉斯·舍甫琴科的诗，以及西里尔和迪乌斯兄弟会（1845年至1847年）的文献中曾出现过。至此，"乌克兰"这个名词逐渐表现出现代国家的意义。

19世纪中叶，语言学和民族学的成就奠定了乌克兰人的民族区域界定的基础。

По наиболее авторитетной и распространённой версии, в том числе и в самой Украине, название государства происходит от древнерусского слова *оукраина*, «пограничная область», которое изначально применялось к разным пограничным землям Руси и древнерусских княжеств. Некоторые украинские историки и лингвисты выдвигают версию, что название «Украина» происходит от слова «край», «краина», то есть «страна», «земля, заселённая своим народом». Как сообщается в энциклопедическом словаре Ф.А. Брокгауза и И.А. Ефрона, после того, как в конце XVI века Юго-Западная Русь в составе Великого княжества Литовского вошла в Речь Посполитую, часть её территории, которая простирается от Подолья на западе до устья Днепра («очаковского поля») на юге и включает в себя большую часть земель будущей Екатеринославской губернии на востоке, стала в этом государстве неофициально именоваться «Украиной». Это было связано с приграничным расположением данных территорий в польском государстве.

Таким образом, в XVI-XVIII вв. «Украина» становится конкретным географическим понятием, которое закрепляется за Средним Приднепровьем (Южной Киевщиной и Брацлавщиной) – территорией, контролируемой казаками. Жителей этой территории стали называть *украинцами* или *украинниками*. Число украинцев постепенно росло, и название «Украина» распространилось на регионы за пределами первоначальной территории. Понятие использовалось в письменных источниках и в произведениях устного народного творчества. С XVIII века понятие «Украина» используется в географическом смысле и является общеизвестным наравне с названием «Малороссия». По мере роста национального самосознания, значимость понятия «Украина» повысилась, и само слово стало восприниматься не только как географический термин, но отчасти и как название этнического пространства. Особенно заметно это стало к концу XIX века. На рубеже XIX и XX вв. термин «Украина» как название всей этнической территории стал полностью самостоятельным и самодостаточным.

Глава 5 История

乌克兰的历史

本章主要介绍乌克兰历史。乌克兰是个历史悠久的国家，其历史可追溯到旧石器时代。 其历史初期与人类文明启蒙、原始社会形成和发展有关。

8、9世纪，斯拉夫部落居住在今天的乌克兰地区。各部落间的经济、文化、政治联系形成了一个新的国家——罗斯。988年，基辅大公弗拉基米尔为基辅人进行了洗礼。从此基督教正式开始在罗斯传播。随着基督教的传播，读书识字的风气、书面形式的法律也在罗斯得以传播，人们的世界观也随之发生了变化，性情变得温和文明。基辅罗斯在智者雅罗斯拉夫执政时（1036—1054）达到鼎盛。在其统治下，基辅成为欧洲最大的城市之一。

ЧАСТЬ 1
ОБЩИЕ СВЕДЕНИЯ О СТРАНЕ

乌克兰历史上许多里程碑式的荣耀均与罗斯时期有关。罗斯时期是王公统治时期，是军事、工艺、文化和文学迅猛发展的时期，是基督教开始传播的时期，是创立文字和发展教育的时期。之后，所有这些成就都因内战和蒙古鞑靼人的入侵丧失殆尽。

后来乌克兰历史上的英雄时期与哥萨克时期（16世纪初至18世纪末）相关。1591—1638年发生了一系列的哥萨克农民起义。1648年，巴格丹·赫梅利尼茨基率领扎波罗热哥萨克起义，乌克兰对土耳其、俄罗斯、波兰发动了多次战争，但是这一时期以俄罗斯叶卡捷琳娜二世摧毁扎波罗热哥萨克而告终。此后，乌克兰完全失去了国家地位，长期以来一直受制于俄罗斯。

17世纪末开始暴发乌克兰民族运动，初期为文化运动，19世纪40年代转为政治运动，开始形成现代的乌克兰国家。

20世纪初的乌克兰独立运动没有任何结果，在经历了大饥荒、第二次世界大战、苏联解体等一系列重大事件后，乌克兰于1991年独立。

Исторический процесс на территории Украины шёл традиционным, присущим многим народам путём.

<u>Первый этап</u> истории Украины связан с возникновением человеческой цивилизации, формированием и развитием первобытнообщинного строя. Были созданы соответствующие типы общественно-хозяйственной организации жизни: первобытная палеолитическая и родовая общины, затем соседская община и племенная структура, сословно-классовое общество.

Великий князь Киевский Ярослав Мудрый (около 978-1054)

<u>Следующий этап</u> в истории Украины связан с возникновением и развитием раннефеодального государства Киевская Русь (IX – нач. XIII вв.), сложившееся в Восточной Европе на базе восточнославянских племён, древним культурным центром которых было Среднее Приднепровье во главе с Киевом.

Выдающимся деятелем древнерусского государства был великий князь Киевский Ярослав Мудрый (около 978-1054 гг.) – сын крестителя Руси князя Владимира Святославича. При Ярославе Владимировиче был составлен первый известный свод законов русского права, который вошёл в историю как «Русская правда». При нем Киевская Русь достигла наибольшего развития.

В политической истории Киевской Руси можно выделить следующие периоды:

1. Первая половина IX – конец X вв. – формирование и возникновение раннефеодального государства, значительное расширение границ Руси, развитие

феодальных отношений.

2. Конец X – до 30-х годов XII в. – наивысший расцвет Киевской Руси как единого государства.

3. 30-е годы XII в. – 40-е годы XIII в. – этап феодальной раздробленности и постепенного упадка Киевской Руси.

В период XIV – первой половины XVII вв. украинские земли, ослабленные внутренними противоречиями, монголо-татарским игом, оказались захваченными соседними государствами: Польшей, Литвой, Турцией. Тем не менее, в этот период продолжалось формирование украинской народности. Усиление национального, социального и религиозного угнетения привело к мощному национально-освободительному движению, ведущая роль в котором принадлежала казачеству.

Богдан Хмельницкий – гетман Украины

Освободительная война (1648-1654 гг.) стала кульминацией в проявлении национального самосознания украинского народа и возрождении украинской государственности.

Середина XVII – конец XVIII вв. происходила борьба за господство на украинских землях между Россией, Польшей и Турцией, которая завершилась подчинением большинства украинских земель Россией. В результате была ликвидирована Гетманщина (1774 г.), Запорожская Сечь (1775 г.), полковое, административно-территориальное устройство украинских земель (начало 80-х годов) и полная ликвидация украинской автономии.

В XIX – начале XX вв. большая часть украинских земель входила в состав Российской империи; Галичина, Буковина, Закарпатье находились под властью Австро-Венгрии. Основным содержанием социально-экономического развития Украины было разложение феодально-крепостнической системы и формирование в ее недрах капиталистических отношений, их интенсивное развитие. Общественно-политические процессы характеризовались становлением украинской нации и ростом национального самосознания, образованием политических партий.

Особое место в истории Украины занимает период 1917-1920 гг., когда шел поиск путей развития украинской государственности от провозглашения УНР (Украинской Народной Республики) к гетманскому режиму Павла Скоропадского и Директории, завершившийся образованием УССР (Украинской Советской

Социалистической Республики).

<u>В последующие 70 лет</u> в составе СССР Украина приняла формы советской государственности, разделив с другими народами Советского Союза все испытания, трудности, героизм и трагизм этого времени.

<u>Со второй половины 80-х – нач. 90-х г. XX в.</u> в истории Украины начался новый период возрождения украинской государственности. 24 августа 1991 года Верховная Рада провозгласила независимость Украины.

В 1992 году Украина становится членом Международного валютного фонда, в 1994 году присоединилась к Договору о нераспространении ядерного оружия, а в 1996 году ядерные боеголовки были вывезены с территории Украины.

28 июня 1996 года принята Конституция Украины, которая закрепила достижения суверенного государства. В сентябре того же года Национальным Банком введена национальная денежная единица – гривна. Стабилизация финансовой сферы была одной из предпосылок возрождения экономики страны.

Глава 6 Внешняя политика

乌克兰的外交政策

乌克兰作为国际法主体，以国际法的规范和原则为指导，与多个国家建立友好关系。

乌克兰的外交原则为：不干涉他国内政；互利平等合作；不参与军备竞赛；推进核不扩散进程（乌克兰自1996年起成为无核国家）；承认国际法的优先地位；承认各国现有边界。

参与欧洲统一进程是乌克兰对外政策的优先方向之一，其中包括参与欧洲一体化进程。乌克兰是欧洲安全与合作组织的成员国，这意味着乌克兰在与欧洲国家间关系和安全问题上拥有与其他国家平等的权利。

乌克兰是独联体国家中首个正式加入欧盟的国家，乌克兰与欧盟的合作对欧洲一体化进程有着十分重要的意义。乌克兰宣布为无核化国家后，其与北大西洋公约组织（北约）建立了密切的合作关系，加入了北约"和平伙伴关系计划"，与相关国家在联合国安全理事会框架下定期举行联合行动和演习，就地区安全、阻止冲突、军事教育等问题定期磋商。

当前，随着乌克兰局势的变化，乌克兰在外交政策方面出现了不同的派别，他们主张同上海合作组织成员国进行对话，并在各领域谋求合作。但目前乌克兰政府面临解决的国内外任务非常复杂，首要任务是国家稳定和安全。

Концепция внешней политики Украины изложена в Декларации о государственном суверенитете (июль 1990 г.) и Акте провозглашения независимости Украины (август 1991 г.), в которых декларируется и закрепляется создание независимого государства – Республики Украина.

Внешняя политика Украины направлена на выполнение следующих главных задач:

· утверждение и развитие Украины как независимого демократического государства;

· обеспечение стабильности международного положения Украины;

· сохранение территориальной целостности государства и неприкосновенности ее границ;

· включение национального хозяйства в мировую экономическую систему для его полноценного экономического развития, повышения благосостояния народа;

· защита прав и интересов граждан Украины, ее юридических лиц за границей;

· распространение в мире образа Украины как надежного партнера.

Украина заинтересована в утверждении нового миропорядка, принципов и норм международного права в отношениях между государствами и другими субъектами международных отношений. Стремясь внести свой вклад в процесс ядерного разоружения, Украина первой на земном шаре заявила об отказе от ядерного оружия. Добровольный отказ третьего по ядерному арсеналу государства от оружия массового уничтожения не имеет прецедентов и наглядно продемонстрировал перед всем миром глубоко миролюбивую прогрессивную сущность украинского государства. Последовавшее за этим присоединение Украины к Договору о нераспространении ядерного оружия укрепило позитивный имидж молодого государства.

Украина осуществляет открытую внешнюю политику и стремится к сотрудничеству со всеми заинтересованными партнерами, избегая зависимости от отдельных государств или групп государств. Она строит свои двусторонние и многосторонние отношения с другими государствами и международными организациями на основе принципов добровольности, взаимопомощи, равноправия, невмешательства во внутренние дела.

Украина придерживается принципа неделимости международного мира и международной безопасности и считает, что угроза национальной безопасности любого государства представляет угрозу общей безопасности во всем мире. В своей внешней политике она отстаивает подход «безопасность для себя – через безопасность для всех».

Украина выступает против присутствия вооруженных сил других государств на украинской территории, а также против размещения иностранных войск на территориях других государств без выраженного согласия этих государств, кроме случаев применения международных санкций в соответствии с уставом ООН.

Украина применяет свои Вооруженные Силы в случаях актов вооруженной агрессии против нее и любых других вооруженных посягательств на ее территориальную целостность и неприкосновенность государственных границ или на выполнение своих международных обязательств.

Украина считает себя, наравне со всеми бывшими советскими республиками, правопреемницей СССР и не признает каких-либо преимуществ и исключений из этого принципа для одной из государств-правопреемников без надлежаще оформленного согласия всех этих государств.

Приоритетными направлениями двусторонних отношений Украины является активное развитие отношений с такими группами государств: западные государства – члены ЕС и НАТО, географически близкие государства, страны Азии, Азиатско-Тихоокеанского региона, Африки и Латинской Америки, страны ШОС.

Украина активно сотрудничает с такими региональными европейскими международными организациями, как Европейский союз, НАТО, Западноевропейский союз, Совет Европы. В 1993 году Украина стала одной из учредителей Парламентской Ассамблеи Черноморского экономического сотрудничества, в состав которой входят одиннадцать стран региона. В 1996 году Украина стала членом Центрально-европейской инициативы – регионального объединения стран Центральной и Восточной Европы. Она принимает активное участие в работе ЮНЕСКО. В целях выхода из экономического кризиса и реформирования своей экономики Украина активно сотрудничает с такими специализированными учреждениями ООН в валютно-финансовой сфере, как Международный валютный фонд и Международный банк реконструкции и развития.

В последние годы в украинской внешней политике наряду со стремлением интегрироваться в Евросоюз появилось и восточное направление, которое выражается в набирающем темп двустороннем сотрудничестве с Китаем и стремлении обрести статус страны-наблюдателя Шанхайской Организации Сотрудничества (ШОС). Обуславливает эти тенденции современная политическая ситуация, открывшая восточные перспективы сотрудничества Украины. Усиление этого вектора во внешней политике страны свидетельствует о расширении ее геополитического горизонта. Статус наблюдателя ШОС позволил бы Украине укрепить и расширить международные связи.

ШОС – общепризнанная международная организация с растущим потенциалом, поэтому сотрудничество с ней престижно для любого государства. В последние годы Украина успешно сотрудничает с Китаем, который вкладывает миллиардные инвестиции в украинскую экономику. Такое сотрудничество двух государств позволяет надеяться на поддержку Китая при вступлении Украины в ШОС.

Немаловажен и тот факт, что Китай занимает второе место среди 200 государств торговых партнеров Украины. Китай продолжает обсуждать идею воссоздания на качественно новом уровне Великого Шелкового Пути, который может проходить и через Украину. Именно поэтому обретение статуса наблюдателя крупной международной организации для Украины крайне важно. В свою очередь, и для ШОС партнерство с Украиной является выгодным, поскольку страна представляет интерес не только благодаря промышленному и сельскохозяйственному, но и большому геополитическому потенциалу: Украина находится на многовековых транзитных путях Азии, она является границей между Востоком и Западом, Европой и Азией, имеет выход на другие континенты через Черное море.

Глава 7 | Экономика

乌克兰经济

开采业和制造加工业是乌克兰的主导产业。开采业的发展和分布取决于矿产资源的地理位置及其储量。

制造加工业包括原材料加工、半成品加工、产品加工、机械制造、冶金、木工等行业。乌克兰的工业分为重工业、轻工业。重工业包括燃料、电力、冶金、化工、机械制造等行业。轻工业包括消费品生产，如服装、鞋类、纺织品、香水等。

ЧАСТЬ 1
ОБЩИЕ СВЕДЕНИЯ О СТРАНЕ

> 农业是乌克兰经济最重要的组成部分，这是由于该地区自然条件优越（具有相对较长的生长期、较高的土壤质量）、农业人口密度较高的原因。
>
> 乌克兰电力资源丰富，是电力出口大国，主要出口对象为匈牙利、波兰、斯洛伐克、罗马尼亚和摩尔多瓦。同时，乌克兰也是一个旅游资源发达的国家，包括酒店服务、度假服务、休闲运动体验（例如高山滑雪）、名胜古迹及宗教历史的文化之旅……乌克兰各个地区都有世界闻名的旅游度假胜地。

7.1. Промышленность

Украина является индустриально-аграрной страной. Основные отрасли промышленности в стране – металлургия, энергетика, химическая и горнодобывающая (добыча угля, руды).

Украина обладает значительными объемами природных ресурсов. По оценкам специалистов, на её территории сосредоточена четверть мировых запасов черноземов. Украинские черноземы по своим физическим, химическим, агрохимическим и минералогическим свойствам считаются наилучшими в мире. Черноземы занимают площадь 60,4 млнга, из них 69% – это сельскохозяйственные угодья, в структуре которых 78 % приходится на пашню.

Украина по богатству минерально-сырьевых ресурсов является одной из ведущих стран мира. Занимая 0,4% суши, где проживает 0,8% населения планеты, она имеет в своих недрах 5% минерально-сырьевого потенциала мира общей стоимостью свыше 11 трлн USD.

В Украине разведано 20 тыс. месторождений и проявлений 200 видов полезных ископаемых, 120 из которых человечество использует сегодня.

Минерально-сырьевая база Украины представлена топливными (уголь, нефть, газ, горючие сланцы, торф), металлическими (железо, марганец, никель, титан, уран, хром, золото) и неметаллическими (каменная соль, каолин, огнеупорная глина, цементное сырье и др.) полезными ископаемыми. Такого объема достаточно для развития в стране отраслей промышленности, ориентированных на использование собственного сырья.

С добычей и использованием полезных ископаемых связно 48% промышленного потенциала Украины и до 20% ее трудовых ресурсов. В частности, по запасам и добычи железных, марганцевых, титаноциркониевых руд, многих видов неметаллического сырья Украина в конце XX ст. занимала ведущее место среди стран Европы и мира.

Наибольшее экономическое значение имеют каменный уголь, нефть и газ, железные и марганцевые руды, самородная сера, каменная и калийная соли, нерудные строительные материалы, минеральные воды. Их месторождения находятся в разных геологических регионах Украины.

За 20 лет независимости Украины из ее недр извлекли около 500 млрд куб. м. газа и около 100 млн тонн нефти. В то же время баланс запасов углеводородов практически не изменился. Большие надежды Украина возлагает на добычу нетрадиционных углеводородов – сланцевого газа и метана угольных пластов. Запасы этих газов в стране оцениваются как одни из крупнейших в мире. При этом сохраняется потенциал добычи традиционного природного газа, нефти и конденсата.

Нефть и газ – как местные, так и импортированные – используются для производства синтетического каучука и синтетических волокон. Основные центры производства – цементное (Николаев (Львовская область), Амросиевка, Здолбунов, Бахчисарай); производство стеновых материалов (Сумы, Киев, Хмельницкий, Черновцы, Чернигов); стеклянная промышленность (Киев, Стрый, Константиновка, Львов, Бережаны, Буча); фарфорово-фаянсовая промышленность (Буды, Коростень, Барановка, Сумы).

Запасов угля и железной руды Украине хватит еще минимум на 300-500 лет. Основным угольным бассейном страны является Донецкий (Донбасс), запасы которого оцениваются в 109 млрд тонн.

Довольно сильны позиции Украины в добыче металлов титановой группы, главным образом титана, циркония и гафния. Украина занимает 3-е место в мире по запасам оксида циркония. Значительны запасы марганца – около 140 млн тонн.

Украина богата на месторождения руд черных металлов – железной и марганцевой. Месторождения *железной руды* в Украине сосредоточиваются в железорудных районах и железорудных бассейнах. Всего известно 52 месторождения, из них разрабатывается 28. Крупнейшими железорудными бассейнами являются: Криворожский

Землистая марганцевая руда

(Днепропетровская область), Кременчугский (Полтавская область), Белозерский (Запорожская область).

В Украине есть значительные запасы *марганцевых руд*, которые используют в черной металлургии. Одни из крупнейших в мире – Великотокмацкое (Запорожская область) и Никопольское (Днепропетровская область) месторождения марганцевых руд.

Уникальные месторождения *титановых руд* разрабатывают в Житомирской и Днепропетровской областях. Одним из мощнейших является Иршанское месторождение (Житомирская обл.) Месторождение титановых руд (Днепропетровская область) содержит практически неограниченные запасы.

В Кировоградской и Днепропетровской области есть залежи *урановых руд*. В Украине сосредоточено 10% мировых запасов урана.

Разведано небольшие запасы *никелевых руд*, сосредоточенных в 10 малых месторождениях, залегающих на глубине 70-80 м.

В Украине есть запасы сырья для производства *алюминия*: бокситы (в Днепропетровской области), алуниты (Закарпатье) и нефелины (Приазовье).

Запасы *ртути* обнаружено в центральной части Донбасса и на Закарпатье. По запасам ртутной руды Украина – одна из лидеров в мире.

Украина занимает одно из ведущих мест в мире по запасам *нерудных* полезных ископаемых: месторождения самородной серы и озокерита (Предкарпатье) – крупнейшие в мире; по запасам *гранита и лабрадорита* (Житомирщина) – вне конкуренции в Европе.

В Криворожье, Приазовье и Закарпатье открыты месторождения *драгоценных* и *полудрагоценных камней* (берилла, аметиста, янтаря, яшмы, горного хрусталя). За последние годы разведано свыше 15 месторождений *золота* (в Приднепровье, Приазовье, Донбассе и Закарпатье).

Ассортимент произведённой *пищевой продукции* включает более 3 000 наименований. Возросла конкурентоспособность украинских продуктов на внутреннем и внешнем рынках. Почти 95% продовольственных товаров, что реализуемых на внутреннем рынке, являются продуктами отечественного производства. Продовольственные товары экспортируются в более чем 40 стран мира.

Лесные ресурсы Украины очень ограничены, лесистость территории – 14,3 %.

Основные массивы лесов сосредоточены в Карпатах, Полесье. Распространены ценные породы деревьев – бук, дуб, ель, сосна, ясень. Лесозаготовительная промышленность сформировалась в Карпатах и Полесье (90 % всех лесозаготовок). За пределами зон лесоразработок, в больших промышленных центрах и транспортных узлах (Киев, Донецк, Харьков, Одесса, Черкассы, Херсон), на привозном сырье действуют деревообрабатывающие предприятия. Они производят пиломатериалы, древесно-стружечные политы, фанеру, спички. Мебельные фабрики преимущественно находятся в больших городах, таких как Киев, Львов, Одесса, Харьков.

7.2. Сельское хозяйство

Украина – исторически аграрная страна. Это обусловлено тем, что местные почвы как нельзя лучше подходят для данного вида деятельности: черноземы составляют 60% от общей площади, поэтому предпочтение традиционно отдается земледелию.

Климат и почвы Украины наилучшим образом подходят для выращивания многих основных сельскохозяйственных культур без применения удобрений. По производству корнеплодов, таких, как сахарная свекла и морковь, Украина занимает первое место в Европе. Также немалую часть производимой в стране сельхозпродукции занимают зерновые, картофель, бобовые.

Украина – крупнейший в СНГ регион по выращиванию эфиромасличных культур – роз, лаванды, шалфея и т.д. Развито садоводство, овощеводство, бахчеводство, виноградарство.

Животноводство не играет большой роли, характеризуется низкой продуктивностью. Наибольшее значение имеет молочно-мясное скотоводство, свиноводство, птицеводство, особенно разведение водоплавающих птиц. Поголовье стада крупного рогатого скота и свиней постоянно сокращается, а поголовье птиц и овец увеличивается.

В соответствии с природными особенностями в Украине сложилось несколько районов производственной специализации сельского хозяйства:

- Полесье – главный район льноводства и картофелеводства, молочного животноводства; среди зерновых высок удельный вес серых хлебов – ржи;

- лесостепная и степная часть Украины – основной район зернового хозяйства (озимая и яровая пшеница, кукуруза, рис, просо и др.), производства сахарной свеклы и подсолнечника, животноводства, свиноводства и овцеводства;

- Закарпатье и Херсонской области – главные районы садоводства, виноградарства, табаководства, производства эфиромасличных культур. Высокогорные области Карпат – район развитого овцеводства.

Сельское хозяйство Украины является одной из важнейших отраслей экономики. Почти треть рабочих мест и значительная часть валового продукта в государстве обеспечивается именно за счет сельского хозяйства.

До марта 2014 года в подчинении центральной власти Украины находилось 32 миллиона гектаров чернозема, что составляет треть пахотных земель всей Европы. Благодаря этому страна занимала третье место в мире по экспорту кукурузы, пятое – по экспорту пшеницы.

Внешняя торговля и зарубежные инвестиции. По объёму импорта Украина занимает 38-е место в мире, по экспорту – 51-е. Импортируются, главным образом, энергоносители, машины и оборудование, продукция химической промышленности и нефтепереработки. Главные импортеры Украины – Россия, Китай, Германия, Белорусь, Польша.

Основными статьями экспорта являются электрооборудование, текстиль, древесина, фанера. Основными потребителями украинского экспорта являются, по состоянию на 2014 год, Россия, Турция, Египет, Китай, Польша.

7.3. Туризм

Украина – страна с развитым туризмом. Сфера туристических интересов в Украине включает как активные виды отдыха и спортивного туризма, типа скалолазания и горнолыжного спорта, так и путешествия с познавательными целями, где объектом познания является богатая археологическая и религиозная история страны, её культура и природа.

Украина издавна славится богатством лечебно-курортных ресурсов: климатолечение на морских и горных курортах, многочисленные месторождения минеральных вод (свыше 500) и лечебных грязей. Месторождения минеральных вод представлены во многих регионах Украины, однако наиболее богат целебными источниками запад страны: бальнеологические курорты Трускавец, Немиров и др. Месторождения лечебных грязей сконцентрированы на морских побережьях (иловые) и северо-западе (торфяные): грязевые курорты Бердянск, Куяльники, и др. Следует особо отметить обширные бальнеогрязевые ресурсы залива Сиваш (рапа, грязи).

Страна обладает огромным рекреационным потенциалом развития оздоровительного отдыха на побережьях Черного и Азовского морей, где продолжительность купального сезона составляет 120-140 дней. На территории Украины свыше 240 поселений имеют установленный в законодательном порядке курортный статус, в том числе 27 курортных городов и 214 деревень, где развитие рекреационной деятельности носит целенаправленный характер.

Природно-заповедный фонд Украины включает 6737 территорий и объектов общей площадью 2354 тыс. га (3,9 % территории страны), 10 национальных природных парков («Карпатский», «Шацкий», «Синевирский», «Азовско-Сивашский», «Вижницкий», «Святые горы», «Яворивский», «Соколовские Бескиды» и др.), 16 природных заповедников, 26 региональных ландшафтных парков, 2384 заказника, 2963 памятника природы и 514 памятников садово-паркового искусства.

На территории страны учтено около 147 тыс. памятников археологии, истории, архитектуры, монументального искусства. Наиболее высокой концентрацией объектов историко-культурного наследия характеризуются Киевская, Львовская, Черниговская и Херсонская области, а также города Киев, Львов, Одесса, Чернигов.

Исходя из региональных особенностей рекреационно-ресурсного потенциала и тенденций его освоения, уровня развития туристской инфраструктуры, сложившейся рекреационной специализации, географии и структуры туристических потоков на территории Украины выделяют несколько основных туристических районов: Карпаты, Причерноморье, Приазовье, Приднепровье, Полесско-Подольский и Донецкий регион.

Горные и лесные ландшафты, чистый воздух, многочисленные целебные источники обусловили рекреационную специализацию **Карпатского района** на организации спортивного (летнего и зимнего) и лечебно-оздоровительного туризма.

Среди горных вершин и речных долин, сохранивших богатую флору и фауну, создан Национальный природный парк «Карпатский». Он считается самым старшим среди национальных природных парков страны.

В Украинских Карпатах еще сохранились лесные массивы на небольших площадях, в которых никогда не проводилась заготовка древесины. В лесной растительности, составе древесных пород и строении таких массивов сегодня не заметно никаких следов человеческого вмешательства. В прошлом эти массивы нередко принадлежали к охотничьим угодьям знатных людей. Такие леса в широком понимании можно рассматривать как пралеса, или девственные леса. Ценность их неизмерима, поэтому карпатские буковые девственные леса вошли в Список объектов Всемирного наследия ЮНЕСКО.

Карпатский национальный парк

Первозданные ландшафты Карпат и отсутствие индустриальных зон, лрцдает воздуху особенную целебность. Эти факторы повлияли на открытие оздоровительно-лечебных комплексов по всей территории парка. В Карпатах выявлено несколько сотен месторождений минеральных вод, разведанные запасы которых позволяют обеспечить оздоровление и лечение свыше 7 млн человек ежегодно.

Любителей активного отдыха привлекают пешеходные тропы и лыжные трассы Карпат, водные маршруты по бурным горным рекам. Возможности познавательного туризма определяются развитыми региональными промыслами и ремеслами (в т. ч. гуцульские музеи и фестивали в г. Коломыя, г. Ивано-Франковск, карпатских селах) и богатым культурным наследием живописных старинных городов.

Львов – культурная жемчужина Карпат, один из красивейших городов Восточной Европы, имеет значительные резервы расширения экскурсионных потоков туристов. Уникальность архитектурного облика Львова получила международное признание: исторический центр города включен в список памяток мирового культурного наследия ЮНЕСКО.

Важными туристскими центрами региона являются известные бальнеологические курорты Трускавец и Моршин с развитой санаторной сетью на базе источников минеральных вод, горноклиматические курорты Яремча, Ворохта.

Причерноморье выделяется богатыми запасами лечебно-курортных ресурсов: иловые грязи Куяльникского, Шаболатского, Тилигульского лиманов в Одесской области, минеральные воды Одесского и Куяльникского месторождений и др. Для Одесского побережья характерен лиманный тип берега с теплыми мелководьями и значительными песчаными отложениями.

Одесса привлекает туристов не только романтикой южного приморского города, памятниками, музеями, театрами, архитектурными достопримечательностями, но и своей неповторимой атмосферой, благодаря которой она приобрела известность своеобразной столицы юмора и стала местом проведения ежегодного фестиваля сатиры и юмора. Архитектурными символами города являются Потемкинская лестница, ведущая от моря к памятнику герцогу Дюку Ришелье, ансамбль Приморского бульвара.

В пределах городской черты Одессы и в ее окрестностях находится более полусотни здравниц на базе лиманных и озерных грязей, минеральных вод, целебного климата. Расположенная в 30 км от Одессы обширная дельта Днестра представляет собой уникальный природный комплекс (многочисленные протоки и озера, плавневые леса и тростниковые заросли, богатая флора и фауна) и является перспективным объектом экологического и рыболовно-охотничьего туризма международного значения.

Богатым экскурсионным потенциалом выделяется г. Белгород-Днестровский, возникший на берегу лимана на месте бывшей древнегреческой колонии Тира (средневековая крепость, армянская и греческая церкви XIII-XIV вв., археологические памятники). Через этот город в средние века проходил Великий шелковый путь из Пекина в Мадрид. Вокруг Белгорода-Днестровского раскинулись плантации виноградников предприятия «Шабо», производителя всемирно известных вин.

Вилково

Еще одной достопримечательностью региона является городок Вилково в устье Дуная, снискавший славу «украинской Венеции» благодаря густой сети каналов, где лодки по сей день заменяют автомобили, а деревянные мостики – тротуары. В районе Вилково Дунай делиться на 3 рукава, напоминая вилку, откуда и название – Вилково.

Среди херсонских степей расположен заповедник «Аскания-Нова», известный своими популяциями копытных и птиц. Перспективным объектом экотуризма является и Азово-Сивашский национальный парк.

Приазовье имеет благоприятные условия для организации лечебного и купально-пляжного отдыха, богатое историческое и культурно-этнографическое наследие. Относительно новым направлением рекреационной деятельности становится организация рыболовно-охотничьего туризма.

Важнейшими рекреационными центрами являются приморские курорты Бердянск, Мариуполь и Кирилловка. Фруктовыми садами славится Мелитополь («медовый город»).

Природный рекреационный потенциал **Приднепровья** привлекает туристов своим историко-архитектурным наследием.

Киев – город с более чем полуторатысячелетней историей (первое летописное упоминание – 862 г.), живописно расположившийся на берегах Днепра, окружен славой древней столицы могущественного древнерусского государства – Киевской Руси, объединившей земли восточных славян. Здесь расположены два объекта Всемирного наследия ЮНЕСКО – Софийский собор и Киево-Печерская лавра.

Киев. Крещатик

Архитектурное наследие Киева богато многочисленными памятниками различных эпох и стилей. Улицы и здания Киева хранят память о целом созвездии знаменитых имен, среди которых креститель Руси князь Владимир Святославич, Ярослав Мудрый и Владимир Мономах, летописец Нестор, Михаил Ломоносов, Николай Пирогов, Тарас Шевченко, Леся Украинка и многие другие деятели национальной и мировой истории и культуры.

Гостей города привлекают богатые экспозиции многочисленных музеев, живописные уголки парков и ботанических садов, зоопарк. Культурным центром города является его главная улица – Крещатик.

Экскурсионными центрами Приднепровья являются также тысячелетние

Волынское Полесье

города, сохранившие памятники древнего зодчества – Чернигов (Спасский собор XI в., Пятницкая церковь XII-XIII вв., ансамбли монастырей) и Переяслав-Хмельницкий (памятники зодчества, музей народной архитектуры и быта; родина знаменитого еврейского писателя Шолом-Алейхема).

Полесско-Подольский район уступает по уровню развития рекреационного хозяйства традиционным туристским регионам страны, однако характеризуется благоприятным для развития туризма климатом – мягкой зимой и теплым летом, живописными пейзажами, богатым историко-культурным наследием, наличием территорий с сохранившейся природной средой. Волынское Полесье – наиболее увлажненная, заболоченная и лесистая часть Украинского Полесья. Среди озерно-лесных ландшафтов Полесья наиболее перспективными объектами экотуризма являются национальный парк «Шацкий» и Припятский природный заповедник.

Южная часть Полесско-Подольского региона, помимо живописного Днестровского каньона (региональный ландшафтный парк), славится всемирно известными карстовыми пещерами Тернопольщины. Среди лечебно-рекреационных центров выделяется курорт Хмельник. Популярными экскурсионными объектами являются древний Каменец-Подольский (средневековая крепость, культовая архитектура XV-XVI вв.), средневековый замок XIV-XV вв. в Луцке.

Донецкий район известен как урбанизированный промышленный регион Украины и выступает в качестве крупного потребителя рекреационно-туристских услуг. Район имеет развитую рекреационную систему, направленную прежде всего на удовлетворение потребностей местного населения. Следует отметить широкое распространение минеральных вод, используемых в курортно-рекреационной деятельности. Историко-архитектурное наследие сконцентрировано в городах Харьков, Донецк, Запорожье, Днепропетровск, Луганск, Кировоград. К числу наиболее привлекательных и экзотичных объектов принадлежит сердце Запорожской Сечи – овеянный историческими легендами остров Хортица.

Следует отметить национальный парк «Святые горы», многочисленные скифские курганы. Среди заповедных природных объектов выделяется

Украинский степной заповедник и национальный парк «Хомутовская степь», где сохранились естественные степные ландшафты со своеобразной флорой (свыше 400 видов растений) и фауной.

К числу наиболее перспективных направлений туристского комплекса Украины относят развитие познавательного, оздоровительного, спортивного, экологического, сельского и экстремального (посещение Чернобыльской зоны и др.) туризма. Одним из важных направлений въездного туризма в Украину является морской круизный туризм, имеющий давние традиции.

Главные достопримечательности Украины

Объекты Всемирного наследия в Украине:

1. Софийский собор (Киев) и связанные с ним монастырские строения.
2. Киево-Печерская лавра (Киев).
3. Исторический центр Львова (Львов).
4. Пункты геодезической дуги Струве.
5. Девственные буковые леса Карпат.
6. Резиденция Буковинских митрополитов (Черновцы).

Города:

- Киев – историческая столица Древнерусского государства и современной Украины на реке Днепр, «мать городов русских». Старинные соборы и монастыри, широкие бульвары, красивые виды и разнообразие культурных заведений.
- Каменец-Подольский – средневековый историко-культурный комплекс.
- Львов – средневековый «старый город» и уникальная архитектура с польскими и немецкими элементами.
- Мукачево – город в Закарпатье со старинной архитектурой.
- Одесса – порт на Чёрном море, множество пляжей и уникальная смесь различных культур.
- Чернигов – старинный город с памятниками древнерусской архитектуры.
- Черновцы – исторический центр Буковины; наряду со Львовом считается культурным центром Западной Украины, имеет интересную архитектуру австрийской эпохи.
- Харьков – первая столица Советской Украины с уникальной архитектурой,

множеством памятников, кинотеатров, театров, музеев.

· Запорожье – самый длинный проспект в Европе – 15 км; ДнепроГЭС; остров Хортица – самый большой в Европе остров на реке, национальный историко-культурный заповедник; места проживания менонитов (поселения Верхняя Хортица, Розенталь, Шенвиза); Запорожский дуб.

Ландшафты:

· Карпаты – горные ландшафты с обширными возможностями для горных лыж и пеших прогулок, оздоровляющие источники минеральных вод.

· Побережье Азовского и Черного морей – пляжные курорты.

· Днепр – круизы, пляжный отдых, рыбалка, серфинг.

Глава 8 | Транспорт

乌克兰的交通运输

本章讲述的是乌克兰的交通状况。乌克兰拥有发达的铁路网、公路网，航空和铁路是客运的主要形式。

铁路运输是乌克兰运输业的主要形式之一，也是最常见的客运方式。铁路网覆盖全国绝大部分地区。乌克兰境内有利沃夫铁路、西南铁路、敖德萨铁路、第聂伯河沿岸铁路、顿涅茨克铁路，它们承担了乌克兰境内外大部分的货运任务。利沃夫铁路干线上的利沃夫、科韦利、乔普构成了重要的铁路枢纽，辐射范围可达中西欧国家。

民航主要从事客运、快速货物运输及贵重物品运输。

乌克兰的城市交通主要有公共汽车、无轨电车、有轨电车、地铁等。国际和郊区客运汽车覆盖乌克兰国内绝大多数居民点。

乌克兰的水运主要为货物运输。乌克兰南部地区的海运发达，在国内外航运方面发挥着重要作用。海运的主要货物有石油、石油产品、矿石、建材。

河运也是乌克兰主要的水运形式之一，主要为国内外的货运。第聂伯河是乌克兰最重要的水运大动脉，多瑙河将乌克兰与其他欧洲国家连接起来，乌克兰的国际航运主要集中在多瑙河沿岸。河运的主要货物有建材、矿石、煤炭、粮食、金属。乌克兰的主要河运码头有基辅、切尔卡瑟、克列缅丘格、第聂伯罗彼得罗夫斯克、扎波罗热、赫尔松、伊兹梅尔和列尼等。

Развитие транспортного комплекса является одной из приоритетных задач экономической политики государства. С эффективным развитием транспорта связано полноценное функционирование всей экономической системы, успешная интеграция Украины в мировую экономику, стабильное социально-экономическое положение страны.

В Украине развиты практически все виды современного транспорта: железнодорожный, автомобильный, морской, речной, воздушный.

На *железнодорожный транспорт* приходится основная часть грузооборота и перевозки пассажиров. Он имеет решающее значение в обеспечении экономических связей как в пределах Украины, так и с другими государствами.

Главная функция железнодорожного транспорта – перевозка промышленных и сельскохозяйственных грузов (уголь, сталь, зерно и пр.) на большие расстояния. Отличительная особенность – регулярность движения независимо от погоды и времени года. Геостратегическое положение между странами Европы, Азии и Ближнего Востока позволяет Украине быть выгодным транзитным мостом для перевозок товаров и пассажиров.

Автодороги. Через Украину проходит 23 международные автодороги. Общая длина шоссейных дорог составляет 169 491 км. Автомобильный транспорт значительно преобладает над другими видами.

Воздушный транспорт. Основные перевозчики на внутренних линиях: Aerosvit, Wizz Air, Dnieproavia и Ukraine International Airlines. Украина имеет ряд авиакомпаний, крупнейшей из которых является «Международные Авиалинии Украины».

Главные воздушные ворота страны – аэропорт Борисполь. Большие аэропорты – Харьков, Днепропетровск*, Одесса, Львов. Воздушный транспорт Украины объединен в «Авиалинии Украины», которым принадлежат авиазагоны, аэродромы, а также организации для ремонта автотехники. Воздушный транспорт в основном перевозит пассажиров. Открываются новые воздушные линии в Австрию, Германию, Израиль, Канаду, Китай, Польшу, США и в другие страны.

Морской порт. Одесса

---

* В мае 2016 года Днепропетровск был переименован в город Днепр. Название область не изменилось.

Порты. Речной и морской транспорт. В Украине 18 морских и 14 речных портов. Наиболее развитую инфраструктуру имеют Одесский, Николаевский, Херсонский, Севастопольский, Керченский, Ялтинский порты. Действуют паромные переправы Одесса-Варна (Болгария), Ильичевск-Поти (Грузия), Одесса-Стамбул (Турция).

Длина речных судоходных путей – 1672 км, самая длинная внутренняя водная артерия – Днепр (1200 км). Реки Днепр и Дунай – важные пути перевозки международных грузов. Основные экспортные грузы – каменный уголь, железная руда, кокс, черный металл, лес, сахар, химические продукты и др.; импортные – машины, оборудование, минерально-сырьевые ресурсы и др. Значительный транзитный потенциал Украины позволяет развивать экспорт услуг.

Глава 9 Здравоохранение и образование*

乌克兰的健康、教育

乌克兰的医疗服务由医院、诊所、医疗中心、付费门诊提供。同时还有一些医疗协会，提供免费药品和医疗服务。

而教育系统由学术机构、教学机构、政府和地方教育管理及教育自治机构组成。

乌克兰的教育类型包括：学前教育（学前教育机构）、普通中等教育（三个级别：一级——小学，二级——中学，三级——高中）、课外教育（少年宫、各种教育中心及其他教育机构）、职业技术教育（职业技术学校、职业艺术学校及其他类型的学校）、中专教育（技校、培训学院）、高等教育（学院、大学）、继续教育、副博士教育、博士教育、自我教育。针对不同的教育层级设有相应的职位和学位：技工、技师、学士、硕士、副博士、博士等。

9.1. Здравоохранение

В Украине медицинскую помощь можно получить в больницах, поликлиниках, а также в медицинских центрах. Согласно реформе, система здравоохранения разделяется на четыре уровня медицинской помощи – первичную (институт семейной медицины), вторичную (специализированную), третичную (высокоспециализированную) и экстренную.

---

* Система здравоохранение и образование, описанная в учебнике, сегодня изменяется, 2018 год стал в Украине годом начала реформ в здравоохранении и образовании.

Система первичной медицинской помощи

Центры первичной медико-санитарной помощи (ЦПМСП) состоят из фельдшерско-акушерских пунктов, амбулаторий семейной медицины и медпунктов. ЦПМСП руководят этими подразделениями, распределяют медикаменты и медицинское оборудование. Подразделения центров первичной помощи занимаются лечением и профилактикой наиболее распространенных заболеваний.

Система здравоохранения основана на районных терапевтах, так как они ставят первичный диагноз. Определенный район прикреплен к поликлинике, и этот район делится на несколько частей. Каждая часть закреплена за определенным терапевтом. Все люди, проживающие в этом районе, посещают своего врача. В среднем терапевта ежедневно посещают 20-25 человек, а во время эпидемии гриппа до 50-60 человек в день. Районный терапевт может посетить пациента на дому.

Институт семейной медицины. В основном, первичную медицинскую помощь оказывают амбулатории семейной медицины, которые создаются на базе участковых больниц, поликлиник, сельских лечебных амбулаторий и фельдшерско-акушерских пунктов. Главным звеном этой отрасли является семейный врач. Именно к нему обращаются люди в первую очередь со своими проблемами. Семейный врач – это врач, который может дать комплексную оценку общему состоянию здоровья и назначить лечение с учётом всех симптомов больного. В круг его обязанностей также входит проведение диспансеризации, регулярных профилактических осмотров и т. д. Благодаря тому, что семейный врач наблюдает за всей семьёй (взрослыми и детьми) на протяжении всей их жизни, он может своевременно обнаружить серьёзные заболевания и определить их ещё на ранних стадиях. Такой врач ни в коем случае не заменяет врачей узких специальностей – хирурга, эндокринолога, кардиолога и др. Все специалисты узких профилей продолжают работать в консультативно-диагностических центрах и оказывают помощь населению.

Система вторичной медицинской помощи

Вторичную (специализированную) медицинскую помощь оказывают в амбулаторных или стационарных условиях в плановом или экстренном случаях. Она предусматривает предоставление больным консультации, проведения диагностики, лечения, реабилитации и профилактики заболеваний врачами соответствующей специализации. Вторичная медицинская помощь предоставляется в стационарных условиях многопрофильными больницами, больницами реабилитационного, планового лечения, специализированными медицинскими центрами и т. д.

Система третичной медицинской помощи

Третичную (высокоспециализированную) помощь оказывают в стационарных условиях в плановом порядке либо в экстренных случаях. Третичная помощь предусматривает предоставление больным тех же медицинских услуг, что и вторичная, только с использованием высокотехнологического оборудования и высокоспециализированных медицинских процедур более высокой сложности. Оказание третичной медицинской помощи осуществляется высокоспециализированными многопрофильными или однопрофильными учреждениями здравоохранения.

Экстренная и скорая медицинская помощь

Неотложной помощью занимаются врачи первичного уровня. Это оказание помощи при состояниях, не угрожающих жизни, например, обслуживание больных с хроническими заболеваниями. Скорую помощь оказывают в критических состояниях, которые угрожают жизни, к примеру, инфарктах, инсультах и других чрезвычайных ситуациях.

В Украине есть много платных клиник, где можно получить любую медицинскую помощь. Большинство таких клиник являются специализированными: стоматологические кабинеты, глазные центры и т.д. Также существуют медицинские ассоциации, например, Украинская ассоциация диабетиков, где люди могут получить бесплатную медицинскую помощь или лекарства.

Украинская медицинская наука внесла колоссальный вклад в развитие генетики, кардиологии, хирургии, терапии. Имена великих украинских врачей известны во всем мире.

Богомолец Александр (1881-1946) – академик. Его труды посвящены важнейшим вопросам патологической физиологии, эндокринологии, вегетативной нервной системы, онкологии, физиологии и патологии соединительной ткани и проблемам долголетия.

Николай Амосов (1913-2002) – украинский хирург, учёный в сфере сердечно-сосудистой хирургии, биокибернетик. Долгое время работал над возможностями продления жизни. Доктор медицинских наук, Академик Национальной Академии Наук Украины, герой Социалистического Труда.

**Илья Емец (1956)** – директор научно-практического центра детской кардиологии и кардиохирургии Министерства здравоохранения Украины, кардиохирург, доктор медицинских наук, заслуженный врач Украины, член Европейской ассоциации хирургии врожденных пороков сердца. Автор более 250 научных работ.

**Евгений Комаровский (1960)** – детский врач, кандидат медицинских наук, врач высшей категории. Ведёт телепередачу «Школа доктора Комаровского». Это еженедельная медицинская телевизионная передача, посвящённая различным аспектам детского здоровья и уходу за детьми. Производится украинской киностудией Film.ua, выходит на телеканалах Украины, России, Беларуси и Молдовы. Также транслируется на русскоязычных каналах Израиля, Канады, Германии.

9.2. Образование

Украинская структура образования регулируется Законом Украины «Об образовании» и включает в себя:

- дошкольное образование;
- общее среднее образование;
- внешкольное образование;
- профессионально-техническое образование;
- высшее образование;
- аспирантуру;
- докторантуру;
- последипломное образование;
- самообразование.

Дошкольное образование. Для украинцев, как и для многих европейцев, образование начинается с дошкольного учебного заведения, обычно – с детского сада. В 2 (а иногда с 1,5) года малыш попадает в ясли, с 3 – в младшую группу. По желанию родителей ребенок может оставаться в саду полдня, а в случае проблем со здоровьем – и круглосуточно. Для записи в детсад существуют онлайн-очереди – можно выбрать заведение и записать в него ребенка сразу после рождения.

Иногда семья принимает решение обучать ребенка дома, но с 2001 года получение дошкольного образования обязательно для детей 5-летнего возраста. Родители могут выбирать детсады или группы кратковременного пребывания, сейчас в Украине действует более 1000 таких групп. При общеобразовательных учебных заведениях работают группы подготовки детей к обучению в школе. Будущие школьники получают там базовые знания, а также знакомятся со школьным укладом, учителями и одноклассниками. С 6 лет ребенок может отправляться в школу.

Общее среднее образование является обязательным и получается преимущественно в средней общеобразовательной школе.

Имеет три степени:

I– начальная школа (1-4 классы), предоставляет начальное общее образование,

II– основная школа (5-9 классы), предоставляет базовое общее среднее образование;

III–старшая школа (10-11 классы), предоставляет полное общее среднее образование.

Одаренные дети могут поступать в профильные классы с углубленным изучением отдельных предметов или начальной допрофессиональной подготовкой, специализированные школы, гимназии и лицеи. Особо талантливым позволено претендовать на государственную поддержку – стипендии, направления в ведущие отечественные или зарубежные образовательные центры. Можно вообще не посещать школу – ученик имеет право ускоренно получить среднее образование и сдать экзамены экстерном.

Обучение в средней общеобразовательной школе начинается с шести- или семилетнего возраста.

Дополнительное развитие способностей и талантов достигается во **внешкольном образовании.** К таким учебным заведениям относятся спортивные секции, школы искусства, разнообразные ученические клубы и подобные организации, государственные или частные.

Профессионально-техническое образование ориентируется на получение определенной специальности. Это профессиональные училища и лицеи (художественные, технические, высшие), заводы, учебно-производственные центры и подобные заведения, которые обучают рабочим профессиям. К ним же относятся центры профессионального образования, повышения квалификации и переподготовки рабочих кадров.

Профессионально-технические учебные заведения часто сотрудничают с предприятиями – заказчиками подготовки сотрудников. Для получения рабочей профессии ученик может не посещать учебное заведение, а пройти подготовку непосредственно на производстве.

Приём в образовательные учреждения осуществляется на базе основного общего образования (после 9-ти классов), а также на базе среднего (полного) общего образования (после 11-ти классов).

Структура **высшего образования**. Формы обучения в высших учебных заведениях разнообразны: дневная, вечерняя, заочная, дистанционная или комбинированная, которая объединяет несколько из этих форм.

Для высших учебных заведений существует четыре уровня аккредитации:

I – техникум, училище;

II – колледж;

III и IV (зависимо от результатов аккредитации) – консерватория, академия, институт, университет.

С 2008 года обязательным условием поступления в высшее учебное заведение является прохождение внешнего независимого оценивания (ВНО).

После получения высшего образования можно получить научную степень – в **аспирантуре и докторантуре.**

Аспирантура – это форма подготовки научных работников, или еще один уровень образования, идущий следом после бакалавриата (4 года обучения в ВУЗе) и магистратуры (в Украине длительность обучения в магистратуре составляет 1-2 года, в зависимости от специальности, образовательной программы и университета).

Итогом обучения в аспирантуре является написание и защита кандидатской диссертации. Успешно прошедшему обучение в аспирантуре присуждается степень кандидата наук.

8. *Докторантура* – форма повышения квалификации лиц с целью подготовки их к соисканию учёной степени доктора наук.

Последипломное образование дает возможность получить новую квалификацию, специальность или профессию. Зачастую это происходит на основе уже полученного образования в предыдущем учебном заведении, хотя можно получить и совершенно новую специальность. К заведениям последипломного образования относятся академии, институты (центры) повышения квалификации или переподготовки, соответствующие подразделения высших учебных заведений, профессионально-технические образовательные учреждения, научно-методические центры профессионально-технического образования и подразделения в организациях и на предприятиях.

Структура образования		Уровни (степени), документ про образование	Период обучения
Дошкольное образование			
Общее среднее образование	Полное общее среднее образование (ПОСО)	аттестат	2 года (10-11 классы)
	Базовое общее среднее образование (БОСО)	свидетельство	5 лет (5-9 классы)
	Начальное общее образование		
Профессионально-техническое образование		Квалифицированный рабочий, диплом	3 года (на основе БОСО) 1-1,5 года (на основе ПОСО)
Высшее образование	Полное высшее образование	Магистр, диплом магистра	1-2 года ;1-3 года (в сфере медицина, ветеринария)
		Специалист, диплом специалиста	1-1,5 года; 5-6 лет (в сфере медицина, ветеринария)
	Базовое высшее образование	Бакалавр, диплом бакалавра	3-4 года, 2-3 года (на основе диплома младшего специалиста)
	Неполное высшее образование	Младший специалист, диплом младшего специалиста	2-3 года, 3-4 года (на основе БОСО)
Аспирантура		Кандидат наук, диплом кандидата наук	3 года
Докторантура		Доктор наук, диплом доктора наук	3 года

ЧАСТЬ 1
ОБЩИЕ СВЕДЕНИЯ О СТРАНЕ

Для **самообразования** возможности чрезвычайно широкие – можно посещать лектории, научные центры и различные общественные организации. Наиболее перспективное направление самообразования связано с сетью Интернет. Популярными становятся онлайн-курсы, которые позволяют смотреть видеолекции известных специалистов в разных научных сферах, проверять свои знания с помощью тестирования, общаться с другими студентами и преподавателями. Сегодня это один з наиболее популярных векторов образования в Европе и Америке, а в Украине воспользоваться подобными возможностями можно на учебной платформе дистанционного образования EDUGET.

Украинские учебные заведения известны не только в пределах страны, но и за рубежом. Многие из них являются не только образовательными, но и научно-исследовательскими и культурными центрами.

Так, шесть украинских университетов вошли в рейтинг лучших вузов мира 2015-2016 гг. (по версии QS World University Rankings, при составлении которого учитывается активность и качество научно-исследовательской работы, мнение работодателей, карьерный потенциал, наличие иностранных студентов, преподавателей и пр.):

1. Киевский национальный университет имени Тараса Шевченко – классический университет исследовательского типа, ведущий современный научно-учебный центр Украины. На его базе создано 14 факультетов гуманитарного и естественно-научного направления и 7 учебных институтов, в которых обучается около 25 тыс. студентов. В структуре университета так же числятся физико-математический лицей, информационно-вычислительный и издательско-полиграфический центры, несколько астрономических обсерваторий, библиотека, ботанический сад имени Фомина и Каневский заповедник.

2. Харьковский национальный университет имени Н.В. Каразина – ведущее научное и учебное заведение Украины с более чем 200-летней историей своего существования. Университет имеет 20 факультетов, подготовка специалистов осуществляется по 115 специальностям и специализациям.

3. Национальный технический университет Украины «Киевский политехнический институт» – самый крупный украинский университет. В его состав входят 18 факультетов, 7 учебно-научных институтов, 15 научно-исследовательских институтов и научных центров, конструкторское бюро и другие структуры.

4. Сумской государственный университет сформирован по классическому типу, проводится подготовка по 55 специальностям.

5. Национальный технический университет «Харьковский политехнический институт». В университете действует 21 факультет дневной формы обучения, заочный факультет, факультет довузовской подготовки, центр подготовки иностранных граждан, межотраслевой институт повышения квалификации, три научно-исследовательских и проектно-конструкторских института.

6. Донецкий национальный университет. В структуру университета входят 9 факультетов, 2 региональных центра подготовки и переподготовки специалистов, отдел международного образования для подготовки иностранных студентов.

Глава 10 Средства массовой информации (СМИ) в Украине

乌克兰的大众传媒

乌克兰既有国有大众传媒，也有私有大众传媒。其中非政府类传媒在电视广播信息领域占有率超过96%。据国家委员会统计，有5300多种期刊正式出版。随着网络的普及和IT技术的发展，还涌现出一些独立的电子刊物。

乌克兰国家电视广播委员会是保障在通讯出版行业推行国家政策的中央权力机构。

В Украине существуют государственные и частные СМИ. Часть негосударственного сектора в телерадиоинформационном пространстве превышает 96%.

Первые периодические издания на украинском языке появились в Украине в начале XX века, однако широкое развитие печатные средства массовой информации получили только после 1917 года. В результате демократических реформ конца 1980-х годов достаточно чётко обозначилась принадлежность тех или иных газет и журналов к различным политическим и общественным течениям.

Сейчас в печать выходят более 5,3 тысяч наименований периодических изданий. С развитием IT-технологий и распространением Интернета появились независимые Интернет-издания, а также инернет-версии печатных изданий.

Центральным органом власти по обеспечению реализации государственной политики в информационной и издательской сферах является Государственный комитет телевидения и радиовещания Украины.

Украинское национальное телевидение существует с 1951 года, когда начал вещание первый государственный телеканал Украины – УТ 1. С конца XX века распространение приобретает спутниковое и кабельное телевидение. Кроме того, вещание ведут более 100 региональных телестанций.

Государственные каналы телевидения и радиовещания: Первый национальный телеканал www.1tv.com.ua; Национальная радиокомпания Украины www.nrcu.gov.ua; Государственная телерадиокомпания, всемирная служба www.utr.tv/news/.

Самые крупные *негосударственные каналы телевидения и радиовещания:* телеканал «1+1» www.1plus1.ua; «5 канал» www.5.ua; телеканал «СТБ» www.stb.ua; ТРК «Украина» http://kanalukraina.tv/; телеканал «ICTV» www.ictv.ua; телеканал «Интер» www.inter.ua; «Новый канал» www.novy.tv; телеканал «НТН» www.ntn.tv; «Gala-радио» www.galaradio.com; радио «Европа FM» www.europa.fm; радио «Свобода» www.radiosvoboda.org; радио «Хит-FM» www.hitfm.ua; радио «Эра-FM» http://www.era-fm.net/.

Печатные СМИ: газеты Украины http://centra.net.ua/old/newspap/; журналы Украины http://centra.net.ua/old/magazines/; газета «Правительственный курьер» http://uamedia.visti.net/uk/: газета «Голос Украины» www.golos.com.ua; газета «Зеркало недели» http://www.dt.ua/; газета «День» www.day.kiev.ua; газета «По-украински» www.gazeta.ua; «Инвестиционная газета» www.investgazeta.net; журнал «Корреспондент» www.korrespondent.net; газета «КоммерсантЪ-Украина» www.kommersant.ua; газета «Сегодня» www.segodnya.ua; газета «24» http://24.ua/.

Сетевые СМИ: СМИ в Интернет http://centra.net.ua/old/izmi/; Украинская правда www.pravda.com.ua; Главред http://glavred.info/; From-Ua.com www.from-ua.com; Обозреватель www.obozrevatel.com; ForUm www.for-ua.com; РБК http://www.rbc.ua/; ЛигаБизнесИнформ http://news.liga.net/ukr.

Украинские СМИ в мире. Украинский медиа-рынок динамично развивается. Отдельные кейсы украинских изданий получают международное признание. Так, на Всемирном газетном конгрессе, проходившем Бангкоке в июне 2014 года, проект украинской газеты «Вести» был включен в итоговый доклад по крупнейшим инновациям года на газетном рынке (Global report on innovation in newspapers). Газета «Вести» в докладе была представлена как одна из первых в мире бесплатных газет третьего поколения.

Глава 11 Спорт

乌克兰的体育

足球、拳击是乌克兰最受欢迎的两个体育项目。除此之外，乌克兰人还喜欢赛车、篮球、滑雪、射击、空手道、田径、网球、冰球、国际象棋等。

乌克兰的体育运动水平很高，很多国际赛事上都能看到乌克兰运动员的身影，例如足球世界杯、欧锦赛、奥运会等。乌克兰也举办过众多大型的国际赛事，1993年欧洲女子冰球锦标赛小组赛、2011年世界冰球锦标赛小组赛、2012年欧洲足球锦标赛等赛事均在乌克兰举办。

乌克兰非常重视发展青少年体育运动。为促进儿童和青少年参与体育运动的积极性，乌克兰会举行全国性的大众体育活动，如"希望之源""冠军赛"等系列活动。

乌克兰的国家体育项目中有哥萨克格斗：戈巴克格斗、斯帕斯格斗。戈巴克格斗——乌克兰武术的一种，是在传统的哥萨克格斗基础上形成的。斯帕斯也是一种格斗形式，它包括手摔、脚踹、冲击、仰摔，同拳击、跆拳道、自由格斗技术相似。戈巴克格斗和斯帕斯格斗是源自于乌克兰的摔跤项目，乌克兰国家队在世界武术锦标赛上表演过。

运动员的成绩是国家强大的象征。体育是乌克兰得到世界承认的重要标志。近年来乌克兰的著名运动员包括——安娜·贝索诺娃（体操）、瓦西里·维拉斯丘克（全能）、弗拉基米尔·克利舍科和维塔利·克利舍科兄弟（拳击）、雅娜·科留奇科娃（游泳）、尼古莱·米尔切耶夫（射击）、鲁斯兰·波诺马廖夫（国际象棋）、弗拉季斯拉夫·杰尔卢佐夫（登山）、安德烈·舍甫琴科（足球）等。

乌克兰体育在世界范围内得到了应有的认可。民众积极参与体育运动，极大地提高了人民的生活质量，促进了社会繁荣。

ЧАСТЬ 1
ОБЩИЕ СВЕДЕНИЯ О СТРАНЕ

С 1994 года Украина является членом МОК (Международный олимпийский комитет) и участницей игр. Первой олимпийской чемпионкой стала фигуристка Оксана Баюл (Лиллехамер, 1994 г.). На Олимпиаде в Атланте (1996 г.) Украина вошла в десятку лучших команд. На трёх Играх подряд (с 1996 по 2004 гг.) в украинцы завоевали 23 медали.

В 2012 году в Украине и Польше состоялся чемпионат Европы по футболу, на котором 16 стран боролись за титул сильнейшей команды Европы. Украина принимала матчи в Киеве, Харькове, Львове и Донецке.

Оксана Баюл – первая олимпийская чемпионка независимой Украины

Олимпийские чемпионы Украины:

• Анна Бессонова (родилась в 1984 г.) – художественная гимнастка, абсолютная чемпионка мира 2007 года.

• Василий Вирастюк (родился в 1974 г.) – обладатель титула «Самый сильный человек мира», неоднократный чемпион мира в силовом многоборье.

• Вадим Гарбузов (родился в 1987 г.) – танцор, двукратный чемпион Танцев со Звездами в 2012 и 2014 гг. в Вене.

• Иван Гешко (родился в 1979 г.) – легкоатлет, чемпион мира в беге на 1500 метров.

Боксёры Владимир и Виталий Клико

• Яна Клочкова (родилась в 1982 г.) – пловчиха, четырёхкратная Олимпийская чемпионка, одиннадцатикратная чемпионка Европы, обладательница нескольких Кубков мира. Обладательница мирового и олимпийского рекорда на дистанции 400 метров комплексным стилем. Известна под прозвищем «Золотая рыбка». Герой Украины.

• Братья Владимир (родился в 1976 г.) и Виталий Кличко (родился в 1971 г.) – легендарные боксёры, чемпионы мира по версии WBO и WBA.

В 1999 году имя Виталия Кличко было внесено в Книгу рекордов Гиннеса как первого чемпиона мира в супертяжелом дивизионе, который выиграл нокаутом 26 боев подряд и при этом провел на ринге наименьшее количество раундов. Своим достижением Виталий обошел легендарного Майка Тайсона. В честь братьев Кличко назван астероид.

- Екатерина Лагно (родилась в 1989 г.) – шахматистка, самый молодой гроссмейстер среди женщин (получила это звание в возрасте 12 лет).

- Василий Ломаченко (родился в 1988 г.) – боксёр, двухкратный Олимпийский чемпион 2008 и 2012 гг.

- Николай Мильчев (родился в 1967 г.) – стрелок, Олимпийский чемпион Сиднея.

- Руслан Пономарёв (родился в 1983 г.) – шахматист, 17-й чемпион мира по версии ФИДЕ, чемпион мира среди игроков не старше 18 лет. В возрасте 14 лет стал самым юным в мире гроссмейстером.

- Владислав Терзыул (1953-2004 гг.) – альпинист, который покорил все 14 гор Земли высотой более 8 тысяч метров, повторив рекорд Рейнхольда Месснера.

- Андрей Шевченко (родился в 1976 г.) – футболист, пятикратный чемпион Украины, обладатель «Золотого мяча» 2004, лучший игрок Лиги чемпионов УЕФА 1998/1999, победитель Лиги чемпионов УЕФА 2002/2003. Игрок киевского «Динамо», в составе которого начал свою карьеру в 1990-х годах. Выступал также за «Милан» и «Челси». Известен под прозвищами «Дьявол с Востока» и «Шева». В составе сборной Украины сыграл на чемпионате мира 2006 в Германии, где его сборная вышла в 1/4 финала (это дебютный чемпионат мира для украинцев).

В список национальных видов спорта входят боевые искусства: казацкое двоеборье, боевой гопак и спас. Эти виды спорта появились именно в Украине. Сборная Украины проводит показательные выступления в этих видах спорта на некоторых чемпионатах мира по боевым искусствам.

Спортивное образование

В Украине 1687 ДЮСШ (детско-юношеских спортивных школ), в которых обучается более полумиллиона детей в возрасте от 6 до 18 лет. 191 школа имеет статус школы олимпийского резерва. В 13 регионах есть начальные образовательные учреждения спортивного профиля, из них 9 училищ физической культуры, 3 училища олимпийского резерва, 4 лицея-интерната спортивного профиля и 2 школы-интерната спортивного профиля. Развиваются 37 олимпийских видов спорта, которыми занимаются в специальных учреждениях 5 с половиной тысяч спортсменов, из них одна пятая входит в состав олимпийской сборной Украины.

В соответствии с Единым календарным планом физкультурно-оздоровительных и спортивных мероприятий с целью массового привлечения детей и подростков к регулярным занятиям физической культурой и спортом и повышения их двигательной активности систематически проводятся спортивно-массовые и физкультурно-оздоровительные мероприятия по всей Украине (среди них выделяются соревнования «Старты надежд», «Игры Чемпионов» и другие мероприятия).

Глава 12 | Культура и искусство

乌克兰的文化与艺术

乌克兰独特的艺术人才培养体系和雄厚的师资力量是乌克兰文化艺术发展的基础。高水平艺术教育服务输出、中高等特殊教育机构就业率、国际社会对乌克兰艺术教育的认可以及国外对于乌克兰艺术教师的需求都是有力证明。

乌克兰是迄今为止文化方面的法律最多的欧洲国家之一。关于保护文化古迹和版权的法律已十分规范。大部分文化活动都有专门的法律保护，如戏剧、文学、电影、广播和电视。

民间文化是乌克兰民族文化的基础，科学、文学、艺术均来自于此。乌克兰文化艺术领域的很多杰出人物（如哲学家、作家、诗人、雕塑家、画家、作曲家、歌唱家、导演、演员等）在世界享有盛名。

格里戈里·韦廖夫卡乌克兰国家模范民间合唱团、巴维尔·维尔斯基乌克兰国家模范舞蹈团也被世界所熟知。

乌克兰现代音乐发展迅速，出现了众多私人音乐工作室、演出机构、音乐电视频道。自2003年以来，乌克兰一直参加欧洲歌唱比赛。歌手鲁斯兰娜、扎玛拉分别在2004年和2016年欧洲歌唱大赛中获胜。乌克兰参赛选手在该项比赛中一直保持了很好的成绩。

Для украинской национальной культуры основополагающей и базовой является народная культура, на основе которой постепенно сформировались профессиональные наука, литература, искусство. Своеобразие украинской культуры определили влияния географических условий, особенности исторического пути, а также взаимодействие с другими этнокультурами.

Литература. Философы, писатели и поэты в своих сочинениях решали вопрос о сущности и условиях человеческого счастья, о смысле человеческого существования. Богатый материал для такого размышления даёт творческое наследие Тараса Шевченко, Ивана Франко, Леси Украинки и других украинских писателей и поэтов.

Григорий Сковорода (1722-1794)

Григорий Сковорода (1722-1794) – странствующий философ, поэт, баснописец и педагог, внёсший значительный вклад в восточнославянскую культуру. Снискал славу первого самобытного философа Российской империи.

Он путешествовал по Украине и странам Центральной Европы, чтобы поближе узнать людей. Сквозной для философии Григория Сковороды была проблема счастья, которая мыслилась им через раскрытие божественной сущности человека, выявление таланта, заложенного в нем Богом.

Слова философа «Мир ловил меня, но не поймал», которые он завещал отчеканить на своей могиле, стали ещё одним свидетельством предпочтения Григорием Сковородой духовной жизни перед земной суетой.

Тарас Шевченко (1814-1861) – поэт, прозаик, этнограф, художник и мыслитель, основоположник современного украинского литературного языка.

Тарас Шевченко родился крепостным, и благодаря своему таланту был выкуплен у помещика ведущими представителями российского искусства и литературы XIX Века. За сатирическое изображение царской империи Шевченко был арестован и сослан в Азию солдатом со строжайшим запретом писать и рисовать.

Тарас Шевченко (1814-1861)

В соответствии с Завещанием, похоронен на Чернечей горе возле Канева. Могила Тараса Шевченко является одним из самых почитаемых мест украинского народа.

Литературное наследие Шевченко, центральную роль в котором играет поэзия, в частности сборник «Кобзарь», считается основой современной украинской литературы и литературного украинского языка.

Поэзия Шевченко, проникнутая любовью к Украине, состраданием к тяжелой судьбе народа, протестом против всех форм его социального и национального угнетения, отличается глубоким лиризмом, простотой и поэтичностью.

Шевченко хорошо известен и как художник. Из его художественного наследия сохранилось 835 произведений живописи и графики, которые дошли до нас в оригиналах и частично в гравюрах и копиях.

Автопортрет (1840-1843)

Цыганка-гадалка

Катерина

Казашка Катя

Аральское побережье

Иван Франко (1856-1916)

Иван Франко (1856-1916) – писатель, поэт, ученый, драматург, философ, историк, этнограф, психолог. В 1915 году был выдвинут на получение Нобелевской премии.

В его творчестве преобладают философские мотивы: рефлексии поэта о добре и зле, красоте и верности, долге и смысле человеческой жизни.

Франко писал на трех языках: украинском, польском, немецком. Переводил с 14 языков произведения мировых классиков: Гомера, Данте, Шекспира, Гете, Золя, Бьернсон, Пушкина, Лермонтова, Чернышевского, Герцена, Некрасова, Мицкевича, Гомулицкого, Асника, Гавличка-Боровского, Яна Неруду, Махара и др.

Франко был «золотым мостом» между украинской и мировой литературой. Нередко его называют *титаном труда*. Хорошо известны его работы по теории и истории литературы, литературной критике. В области фольклора и этнографии он написал ряд исследований о быте, народном искусстве, веровании населения Галиции.

Леся Украинка (1871–1913)

Леся Украинка (Лариса Петровна Косач) (1871-1913) – украинская писательница, переводчица, культурный деятель. Писала в разных жанрах: поэзии, эпосе, драме, прозе, публицистике. Также работала в области фольклористики (220 народных мелодий записано с ее голоса) и активно участвовала в украинском национальном движении. Известны ее сборники стихов «На крыльях песен» (1893), «Думы и мечты» (1899), «Отзывы» (1902), поэмы «Старая сказка» (1893), «Одно слово» (1903), драмы «Боярыня» (1913), «Кассандра» (1903-1907), «В катакомбах» (1905), «Лесная песня» (1911) и др.

Леся Украинка принесла в литературу новые жанры, новые формы стиха, породнила украинскую литературу с мировыми образами и сюжетами.

Лина Костенко (род. 1930 г.) – поэтесса, лауреат Шевченковской премии. Одна из первых и наиболее примечательных в плеяде украинских поэтов, выступивших на рубеже 1950-1960-х годов. Сборники её стихов «Лучи земли» (1957) и «Паруса» (1958) вызвали интерес читателя и критики, а книга «Путешествия сердца», вышедшая в 1961 году, не только закрепила успех, но и показала настоящую творческую зрелость поэтессы, поставила её имя среди выдающихся мастеров украинской поэзии.

Книги Лины Костенко «Над берегами вечной реки» (1977), «Маруся Чурай» (1979), «Неповторимость» (1980) стали незаурядными явлениями современной украинской поэзии, явлениями, которые заметно влияют на все ее дальнейшее развитие.

Лина Костенко

Перу поэтессы принадлежат также сборник стихов «Сад нетающих скульптур» (1987) и сборник стихотворений для детей «Бузиновый царь» (1987).

Василий Голобородько

Василий Голобородько (род. 1945 г.) – поэт, член Национального общества писателей Украины. Автор нескольких поэтических сборников, а также произведений на тему украинского фольклора. Отдельные поэзии переведены на английский, польский, португальский, русский, эстонский, французский и немецкий языки.

В 1990 году вышла сборка «Икар на Крыльях бабочки», в 1992 году – «Калина после рождества». За эти два сборника в 1994 году поэт был награждён Государст-енной премией Украины имени Тараса Шевченко.

Изобразительное искусство

Исторически самым ранним видом изобразительного искусства, распространившимся в Украине, является скульптура. Наиболее древние из сохранившихся скульптурных изображений относятся к VII веку. Как в этот период, так и позднее, в скульптуре господствовала религиозная тематика, однако отражались и чисто бытовые сюжеты.

Становление национальной школы живописи произошло в XIX веке под российским и австрийским влиянием. Для начала XX века характерно укрепление реалистического направления в живописи. С этого периода всё более заметным становится обращение к патриотическим сюжетам.

Николай Шматько́

Николай Шматько (родился 1943 г.) – украинский скульптор, художник. Создал более 750 памятников (барельефы, скульптуры) и около 500 картин.

Все скульптуры выполнены вручную из настоящего белого мрамора. Авторская коллекция скульптур не имеет аналогов в мире и демонстрирует невообразимые достижения в области обработки мрамора, человеческой фантазии и мысли, воплощенной в камень. Николая Шматько называют «королем мрамора».

Колоссальный опыт и творческий потенциал автора устремляются на реализацию самых необычных проектов в скульптуре, живописи и архитектуре.

Скульптор Николай Шматько стал первым украинцем, которого на знаменитой итальянской выставке «Биеннале» наградили орденом «Лоренцо Великолепный Медичи». В мире искусства такую награду приравнивают к Нобелевской премии.

«Три Грации»

Екатерина Белокур (1900-1961)

Екатерина Белокур (1900-1961) – мастер украинской народной декоративной живописи, автор пейзажей и портретов. Народный художник Украины.

Три картины – «Царь-колос», «Берёзка» и «Колхозное поле» – были включены в экспозицию советского искусства на Международной выставке в Париже в 1954 году. Пабло Пикассо так оценил творчество Екатерины Белокур: «Если бы у нас была художница такого уровня мастерства, мы бы заставили заговорить о ней весь мир!».

Картины Екатерины Белокур:

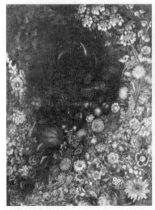  

Царь-колос *Березка* *«Колхозное поле»*

Иван Марчук (род. 1936 г.)

Иван Марчук (род. 1936 г.) – Заслуженный художник Украины. За цикл картин «Шевченкиана», «Голос моей души» награжден Государственной премией Украины имени Тараса Шевченко. Народный художник Украины.

В 2004 году основан музей Ивана Марчука в Киеве. В 2006 году Международная академия современного искусства в Риме приняла И. Марчука в «Золотую гильдию» и выбрала почётным членом научного совета Академии. В 2007 году Иван Марчук стал единственным украинцем, включённым в список ста ныне живущих гениев.

Картины Ивана Марчука:

Музыка

Достоянием украинской культуры является как народное, так и профессиональное музыкальное искусство. Народная украинская музыка разнообразна по жанрам и включает календарные и семейно-обрядовые песни, песни крепостного и солдатского быта, исторические песни, исполняемые под аккомпанемент кобзы или бандуры, а также мощный пласт инструментальной музыки, которая включает в себя ансамблевое музицирование («троистые музыки») и использует разнообразные духовые (свирель), струнные (скрипка) и ударные (бубен) инструменты.

Бандура – украинский народный струнный щипковый музыкальный инструмент

На современном этапе народная музыка сохраняет первоначальные черты своего бытования только в западных регионах. Однако народные песни стали достоянием профессиональных и любительских коллективов по всей Украине и звучат как в аутентичном виде, так и в виде обработок (Национальный хор имени Григория Верёвки, Национальная заслуженная капелла бандуристов Украины имени Георгия Майбороды), входящих в различные направления популярной музыки (Вопли Видоплясова, Океан Эльзы, Тартак, Руслана).

Николай Лысенко (1842-1912) – выдающийся украинский композитор, фольклорист, дирижер, пианист и общественный деятель.

Николай Лысенко (1842-1912)

Н. Лысенко – автор двух гимнов, утверждающих духовное величие Человека и Народа: «Вечный революционер» (1905 г.) на стихи И. Франко и «Детский гимн» на стихи О. Кониского (1885 г.) – всемирно известный теперь как «Молитва за Украину «Бог Великий, Единый!», ставший с 1992 г. официальным гимном Украинской православной церкви (Киевский патриархат). Разнообразно также оперное творчество Н. Лысенко: народные водевили, оперетта, опера, опера-миниатюра, детские оперы.

Национальный заслуженный академический украинский народный хор Украины имени Григория Веревки

С именем Н. Лысенко связан период становления профессиональной музыки, театра и художественного образования в Украине.

Григорий Веревка (1895-1964) – педагог, хоровой дирижер, композитор. Его произведения (романсы, инструментальные, вокально-симфонические композиции, обработки песен) близки к народному многоголосию.

Именем Григория Веревки назван Государственный академический заслуженный украинский народный хор. Репертуар хора весьма разнообразен – от фольклора до классических обработок а-капела и песен современных композиторов.

Павел Вирский (1905-1975) – советский артист балета, балетмейстер, создатель Национального ансамбля танца Украины.

Заслуженный Академический ансамбль танца Украины имени Павла Вирского

Ансамбль имени П. Вирского – это 100 профессиональных артистов с невероятной зажигательной украинской энергетикой.

Выступление ансамбля – это уникальное сочетание цвета, энергии и артистизма.

Театр и кинематограф

История украинского кино начинается с Киевской киностудии, которая была построена в 1927 году. Первые кинофильмы были сняты в Украине в 1920-х годах.

Александр Довженко - (1894-1956) – советский кинорежиссёр, украинский писатель, кинодраматург

Украинское кино получило мировую известность благодаря **Александру Довженко** – талантливому украинскому режиссеру. Довженко стал известным в 1928 году благодаря фильму «Звенигора». Потом вышла его «Украинская трилогия»: «Арсенал», «Земля», «Иван».

Работы Киевской киностудии (переименована в Киностудию имени А. Довженко) получили награды на 75 международных фестивалях и 65 фестивалях фильмов СССР. Фильм Марка Донского «Радуга», снятый в 1944 году, был награжден кинематографом США и Ассоциацией Радио.

Киностудия имени Довженко стала одним из крупнейших производителей фильмов в СССР и сыграла большую роль в советском кинематографе. Одна из ее съемочных площадок (2520 м²) по-прежнему является крупнейшей в Европе.

Роман Виктюк (род. 1936) – театральный режиссёр, Народный артист Украины, художественный руководитель Театра Романа Виктюка.	**Богдан Ступка** (1941-2012) – актёр театра и кино. Лауреат Государственной премии СССР. Народный артист СССР. Был художественным руководителем Театра им. Ивана Франко, президентом Киевского международного кинофестиваля. Герой Украины.	**Ада Роговцева** (род. 1937) – актриса театра и кино. Народная артистка СССР. Герой Украины.

ЧАСТЬ 1
ОБЩИЕ СВЕДЕНИЯ О СТРАНЕ

Украинское драматическое искусство все активнее интегрируется в европейское культурное пространство. Мировое признание получил театральный режиссер Роман Виктюк, творчество которого стало весомым вкладом в мировую театральную эстетику конца XX века. Ряд талантливых актеров украинского театра, таких как Богдан Ступка, Наталья Сумская, Ада Роговцева, Анатолий Хостикоев и другие, с большим успехом снялись в отечественных и зарубежных фильмах.

Глава 13 Национальная кухня

乌克兰的饮食

乌克兰饮食在斯拉夫国家享有盛名，一些菜肴比如罗宋汤、甜馅饺子已进入了国际美食名单中。

面食、肉类、蔬菜类、奶类制品和菜肴，还有各种水果蜂蜜饮料都广泛流行。乌克兰饮食中带馅食品非常丰富，有各式各样的肉卷、饭团、烤制食品等。

乌克兰的传统饮食特点为：猪肉、动物油、甜菜、小麦面粉等食材用料较多；混合热加工是最主要和最基本的烹饪方式，也就是将原料食材首先经过轻煎和快炒，再进行较长时间的加热处理，如煮、烘烤、炖。

乌克兰餐具也很有自己的特点，其同乌克兰饮食的烹饪特点有关，如用于煮炖的汤锅、平底煎锅，用于焖制的矮砂锅和各种各样的瓦罐、盘子和碗。

乌克兰民族菜肴丰富多样，有些是专门用在各种节日和仪式上，例如在婚礼和生子等。

如同其他历史悠久的地区一样，乌克兰美食的区域性差别也很大，东西部地区饮食习惯不同。土耳其饮食对布科维纳饮食影响较多，匈牙利饮食对古楚尔饮食影响明显，乌克兰中部地区饮食则丰富多样。

Украинская национальная кухня сформировалась в основном в начале XVIII века, а окончательно – к началу XIX века. Она опиралась на элементы кулинарной культуры, которые уже сложились в каждой из региональных частей Украины.

Ежедневную еду украинцев можно разделить на две группы: <u>растительная пища</u> и пища из продуктов <u>животного происхождения</u>. Первая, в свою очередь, разделяется на зерновые и овощные продукты, вторая – на мясные, молочные и рыбные. Украинской кухне свойственно приготовление пищи преимущественно такими способами, как варка и тушение, в меньшей мере – жарка и выпечка.

Наиболее распространенными в Украине блюдами были те, которые готовились из **растительных ингредиентов**. Среди растительной пищи первое место испокон веков занимал хлеб. Хлеб – самый выразительный, популярный и значимый атрибут славянского питания. Хлеба потребляли всегда много, потому что питание в целом было низким по калорийности. С хлебом ели и жидкие блюда, и картошку, и даже кашу. С ним летом, на полдник, ели свежие огурцы, фрукты, ягоды, бахчевые. К древнейшим архаичным видам хлеба можно отнести пресные

лепешки. Но любимым повседневным, праздничным и обрядовым хлебом в Украине был тот, который готовился на закваске. Как и в древности, в XIX веке закваску делали на хмеле. Пекли хлеб в хорошо раскаленной печи, подкладывая под хлеб сушеные капустные листья, и делали это раз в неделю, рассчитывая, чтобы хлеба хватило до новой выпечки.

В неурожайные годы, вплоть до середины XX века, крестьянам приходилось печь хлеб не только из ржаной муки, но и с примесями ячменя, отрубей, картофеля, свеклы, лебеды, даже желудей. На юге Украины сеяли больше пшеницы, поэтому в этом регионе обеспеченность пшеничным хлебом была лучшей. На Полтавщине и Слобожанщине преобладал ржаной хлеб с гречишными примесями, на Полесье – с картофельными примесями, на Западной Украине – ячменными, кукурузными, овсяными, а в Карпатах пекли чистый овсяник.

Ржаной хлеб

В Украине всегда предпочитали ржаной хлеб. Слово рожь еще во времена Киевской Руси получило столь широкое значение, что им называли и хлеб, и еду вообще. Значение этого слова ещё раз подчеркивает огромную роль ржаного хлеба и самой ржи в жизни, национальной кухне и культуре украинского народа.

Пшеничный хлеб (укр. «паляниця») выпекался преимущественно на большие праздники: Рождество, Пасху, свадьбу.

Обычно выпечкой хлеба для нужд семьи занимались женщины. И только в позднем средневековье, когда в городах начали появляться пекарские цеха, право печь хлеб получили и мужчины. Пекарь или кухарка, которые пекли хлеб, пользовались особым уважением.

Хлеб издавна является символом благополучия, гостеприимства, хлебосольства. На протяжении веков в народе прививалось отношение к нему как к священному предмету. Крошки и куски хлеба никогда не выбрасывали, а отдавали птицам или скоту. За грех считалось недоесть кусок хлеба, а если такой кусок падал на землю, следовало поднять его, почистить от пыли, поцеловать и доесть.

Пшеничный хлеб

Хлеб – один из важнейших атрибутов украинской обрядности. Традиции, связанные с хлебом, олицетворяющие уважение к труду и человеку труда, продолжают жить и сегодня. В украинской хате на столе на вышитом полотенце рушник всегда лежал хлеб, а рядом – соль. «Хлеб – всему голова», «Хлеб и вода – казацкая еда», «Без хлеба сухая беседа» – эти и другие поговорки раскрывают огромную роль хлеба в бытовой культуре.

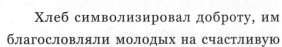

По древнему обычаю хлеб-соль подносили дорогим гостям в знак глубокого уважения. Приглашая к столу, хозяин говорил: «Просим к нашему хлебу-соли!». После застолья гости благодарили за хлеб-соль. Разделить с кем-нибудь хлеб-соль – значило подружиться, побрататься.

Встреча гостей с хлебом-солью

Хлеб символизировал доброту, им благословляли молодых на счастливую супружескую жизнь, приветствовали мать с новорожденным, с хлебом-солью встречали дорогих гостей, впервые входили в новый дом.

Среди растительной пищи самыми древними по происхождению, несложными в приготовлении и высококалорийными были *каши*, которые составляли существенную часть народной еды.

В XI-XII столетии из Азии в Украину

Гречаники

завезли гречку, из которой начали делать муку и крупу. В украинской кухне появились гречаники, гречневые пампушки с чесноком, гречневые галушки с салом и другие блюда.

Гречаники – шарики из гречневой муки с добавлением дрожжей, яиц, молока, растительного масла, сахара, соли.

Ба́нуш

На Подолье из гречневой муки готовят лемешку. Гречневая мука подсушивается в духовке, заливается подсоленной водой (в пропорциях: вода и мука 3:1), перемешивается до однородной массы и ставится в духовку на маленький огонь. Лемешку заправляют маслом, свежим или кислым молоком. Детям иногда добавляют сахар.

В украинской кухне используют пшено, рис (с XIV века) и бобовые культуры, такие как горох, фасоль, чечевица, бобы и др.

В Карпатах готовят *ба́нуш* – традиционное гуцульское блюдо, крутая каша из кукурузной муки, сваренная на сливках или сметане. По традиции, готовится исключительно мужчинами на открытом огне.

Популярным есть суп *кулеш* – блюдо, сформировавшееся в походно-полевой кухне запорожских казаков. Классический традиционный пшенный *кулеш* – достаточно несложное в приготовлении,

Кулеш

но сытное и вкусное блюдо. Заменяет первое и второе. Название произошло от венгерского слова «кёлеш» (пшено). Представляет собой густой суп, близкий по консистенции к каше, приготовленный обычно из пшена с добавлением различных других ингредиентов (традиционно это свиные шкварки и лук, зажаренный в жире, выделяющемся в процессе жарки из шкварок). Обычно в конце добавляют специи, зелень, чеснок.

Галушки со сметаной

Украинская кухня славится изобилием рецептов приготовления изделий из теста.

Национальными украинскими блюдами из теста являются: галушки, вареники, затирки и многие другие. В мучных блюдах используется пшеничная мука, реже – гречневая в сочетании с пшеничной.

Украинские галушки – это маленькие комки теста, сваренные в курином бульоне. Готовят их из пресного теста, отваривают и подают со сметаной, творогом или со шкварками. Делать их очень просто, поэтому в Украине (особенно в западной ее части) очень часто готовят именно галушки и вареники.

Пампушки с чесноком

Украинские *пампушки* – это маленькая круглая сдобная булочка из дрожжевого теста размером с грецкий орех или маленькое яблоко. В отличие от пышек, пампушки не жарились, а чаще выпекались. Пампушки делают из сдобного дрожжевого теста (на яйцах, масле и молоке), замешивая его не круто и давая два раза подняться. Разделав тесто на «булочки» величиной с грецкий орех, обмакивают их в масло, дают вновь слегка подняться и затем варят на пару в формочках около 20-30 минут и допекают в духовке. Подают к борщу горячими, с подливкой из жареного лука или с чесноком.

Вареники – отварные изделия из пресного теста с начинкой. Тесто для вареников готовят из пшеничной муки. Его тоненько раскатывают и наполняют сыром, толченой вареной картошкой, жареной квашеной капустой, гречневой кашей, мясом, в горных селах – брынзой, смешанной с картошкой, а на Полесье – с толченой фасолью. Летом для начинки используют вишни, клубнику и другие ягоды. Вареники заправлялись салом, маслом с луком, сметаной или ряженкой. Их готовят из гречишной или пшеничной муки преимущественно в воскресенье или праздничные дни.

Вареники

Свекла

Овощи и фрукты. Овощи являются одним из основных ингредиентов в рецептах блюд украинской кухни. Овощи в Украине употребляют как самостоятельное блюдо и как гарнир к мясу или птице. Главный овощ – свекла, которая употребляется как в свежем, так и в квашеном виде, что позволяет готовить многие блюда из свеклы в течение большей части года, к примеру, тот же украинский борщ.

Кроме свеклы, в рецептах украинских блюд используют морковь, редьку, огурцы, тыкву, хрен, яблоки, вишни, сливы, клюкву, бруснику, малину и другие овощи и фрукты. С появлением овощей, завезенных из Америки и других стран – картофеля, помидоров, стручкового перца, кукурузы, шелковицы, арбузов и многих других, ассортимент блюд украинской кухни стал более интересным и разнообразным. Новые овощи и фрукты органично вписались в украинскую кухню и стали использоваться во многих рецептах украинских блюд.

В современной украинской кухне ни одно первое блюдо не обходится без *картофеля*. Хотя он появился в Украине относительно поздно (в XVIII в.), сильно распространился и значительно повлиял на украинскую кухню в целом. Из него готовят большое количество простых и питательных блюд: тушат, пекут, жарят, варят в разных видах, добавляют в супы и борщи.

Отварной картофель с чесноком и шкварками

Картофель – это и прекрасный гарнир к рыбе или мясу. Очень калорийное, но необыкновенно вкусное и простое блюдо – картофель со шкварками (кусочками жареного сала).

Такие блюда, как тыквенная каша с манкой, тыква с подорожником, бабка картофельная с сыром, свёкла, тушеная в сметане, прочно вошли в современную украинскую кухню, обогатив её вкусовую палитру.

«Редька с квасом, редька с маслом, редька просто, редька так» – поется в народной песне об овоще, который еще в XVII веке стал повседневным блюдом

ЧАСТЬ 1
ОБЩИЕ СВЕДЕНИЯ О СТРАНЕ

крестьян. Из черной и белой *редьки* с маслом готовили острые салаты.

Доступность компонентов для традиционной кулинарии часто зависит от сезона, таким образом, большое количество овощей иногда появляется в определенных блюдах в маринованном виде. Некоторые блюда могут быть недоступными в определенное время года. Очень распространены салаты, но вместо содержания листьев салата, могут быть сочетанием свежих, варенных и консервированных овощей с мясом, сыром, или рыбой. В таком многообразии различных рецептов единственным постоянным ингредиентом украинских салатов является уксус или майонез.

В XVIII веке в Украине появились подсолнух и горчица. В настоящее время подсолнечное масло вытеснило почти все другие масла.

Украинский стол немыслим без **фруктов**. Яблоки, вишни, сливы, арбузы, клюква, брусника, малина, шелковица – лишь небольшой перечень фруктового стола. Из фруктов готовят компоты, добавляют их в салаты и каши, запекают и маринуют.

Ягодный стол Украины, возможно, даже богаче овощного. С древности ягоды были одним из самых доступных и в то же время полезных лакомств. Лесные и полевые ягоды собирали всё лето, сушили и потом использовали всю зиму, добавляя в каши, компоты и салаты. Из ягод и яблок варили *повидло* – типично украинский десерт, аналогами которого являются варенье в русской и джем или конфитюр – в европейской кухнях. Содержание сахара в готовом повидле должно быть не меньше 60%.

Яблочное повидло

Особенностью приготовления украинского повидла является то, что сахар добавляется в конце варки фруктового пюре. От этого повидло приобретает светлый оттенок и сохраняет вкус и аромат ягод.

Мясо и рыба. В Украине широко распространена свинина, по сравнению с говядиной, которая более типична для русской кухни, или бараниной – для татарской. Мясные блюда в повседневном крестьянском быту были редкостью. Много употребляли лишь свиное сало во всех видах. В пищу сало употребляется сырым, соленым, копченым, жареным и является жировой основой многих блюд.

Им шпигуют, как правило, всякое не свиное мясо для придания ему сочности, перетирают с чесноком и солью, получая питательную массу для бутербродов.

Используется мясо домашних (свиней, коров, коз, овец) и диких (вепрь, заяц) животных, мясо птицы (кур, гусей, уток, голубей, тетеревов, рябчиков).

Одним из известных украинских фирменных блюд является котлета «по-киевски».

Котлета по-киевски – разновидность котлеты, представляющая собою отбитое куриное филе, в которое завёрнут кусочек холодного сливочного масла. Получившаяся котлета имеет эллипсоидную форму. Запекается во фритюре, предварительно обмазывается яйцом и панируется. В масло могут добавляться тёртый сыр, грибы, зелень, яичный желток и пр. В одном из концов котлеты может быть закреплена куриная косточка.

Национальные блюда Украины широко представлены супами. Очень популярны в Украине прозрачные супы на основе мясных, овощных и бульонов из костей с галушками, пельменями, фрикадельками, макаронами и овощами. При этом фрикадельки можно сделать как мясными, так и овощными с добавлением манки. Для приготовления этих блюд используют зелень укропа, петрушки и корней сельдерея, а также морковку.

Рулет из сала

Тушеное сало

Соленое сало

Котлета по-киевски

Наиболее популярным и любимым среди других блюд является борщ. *Борщ* – главное украинское блюдо. Существовало три разновидности блюд с этим названием. Самым распространенным был борщ с капустой, квашеной свеклой, морковью и луком. В XX веке к борщу уже добавляли картофель. На юге и востоке Украины борщ чаще всего готовили с фасолью. Заправляли его свекольным квасом, сывороткой, по возможности – сметаной. На праздники варили борщ с мясом, а в будни заправляли салом. В пост использовали сушеную рыбу или грибы. Летом популярным был холодный борщ на сыворотке, который не варили. К сыворотке лишь добавляли вареный картофель или свеклу, петрушку, укроп, лук, крутое яйцо и сметану.

Борщ с пампушками и сметаной

Обычно это блюдо подают с пампушками, которые готовятся из дрожжевого теста с добавлением чеснока. В готовый борщ, по традиции, добавляется 2-3 столовые ложки сметаны. Существует более 100 видов этого блюда – в каждом регионе его готовят по-своему, а в сентябре, в городе Борщеве (Тернопольская область), можно даже попасть на фестиваль борща.

В украинской кухне очень популярным есть *капустняк* – вид супов из квашеной капусты. Это традиционное блюдо на рождественском столе. Существует большое количество разных рецептов капустняка: с грибами, на рыбном бульоне и др.

Молочный суп з лапшой

Национальные блюда Украины с ее молочными супами известны во многих странах мира. Это молочные супы из риса, пшена, гречки, овса, манки, молочный суп с клецками и галушками. Национальная кухня Украины пронесла через века до сих пор востребованный рецепт молочного супа с домашней лапшой.

Специи. Лук, чеснок, укроп, тмин, мята, анис, чебрец, красный и черный перец, лавровый лист и корица (для сладких блюд) широко используются в

Украине.

Напитки. Основными украинскими напитками с давних времен были медовуха, *квасы*, пиво, виноградное вино, горилка (водка) и всевозможные настойки. Первое письменное упоминание кваса относится к 989 году, когда киевский князь Владимир обращал подданных в христианство. В летописи было записано: «Раздать пищу, мёд и квас». Квас – это популярный напиток, который хорошо утоляет жажду, содержит витамины В1 и Е множество ценных ферментов и довольно легко готовится. Обычно для приготовления кваса требуются хлебные сухари и квасное сусло, которое каждая хозяйка сберегает для последующих приготовлений напитка. Квас делают не только из хлеба. Его можно приготовить из ягод или овощей, впрочем, и в обычный хлебный квас для вкуса часто добавляют хрен, ягоды, яблоки, груши, мяту или облепиху.

Медовуха

Другой не менее древний и легендарный напиток – *мёд* или *медовуха*. Это общеславянский напиток, появившийся в дохристианский период, первоначально употреблялся в ритуальных целях. Чрезвычайно полезный, обладающий целебными свойствами напиток готовится из дрожжей и мёда с добавлением цветочной пыльцы, хмеля, пряностей, кореньев и ягод. Крепость мёда обычно 10-16% об., вкус очень мягкий, без ощущения спирта, с явно выраженным медовым ароматом. Пить медовуху принято до еды, этот напиток является аперитивом, возбуждающим аппетит.

В XIV веке появилась *водка (горилка)*. На её основе делают многочисленные настойки. Кустарным способом в Украине делают самогон на основе сахара и различных сахаристых продуктов – фруктов, овощей, ягод. С давних пор в Украине распространено виноделие, изначально в южных областях страны. Определённую известность получило украинское бренди (по советской традиции именуемое *коньяком*).

Современная украинская кухня славится своими специфичными напитками, например, медовая водка с перцем, которая стала популярна не только в России и Беларуси, но и в западной Европе.

Из напитков домашнего производства самыми распространенными были:

узвары из сушеных и свежих фруктов или ягод, варенуха, квас. *Узвар* – один из самых распространенных традиционных напитков, получивший распространение и в России. Название происходит от слова «заваривать», так как сухофрукты только доводят до кипения. Для приготовления узвара используются высушенные яблоки, груши, изюм, чернослив, вишня, курага, плоды боярышника. Польза узвара обуславливается полезными свойствами этих фруктов и ягод. Готовят компот и на каждый день, особенно в бедные витаминами весенние постные дни, и для праздничного стола. Чтобы компот был слаще, в него иногда добавляли немного меда. Подобно киселю и лапше узвар в некоторых районах Восточной и Центральной Украины используют как ежедневное блюдо.

Чай – в традиционной украинской кухне сравнительно недавний напиток. Издавна вместо чая пили заваренные травы зверобоя, душицы, чабреца, мяты, листья и цвет земляники, лепестки шиповника и розы, липовый цвет, свежесрезанные ветки вишни, малины, смородины, сливы. Их употребляли и как лекарство. Со второй половины XIX века с развитием торговли чай проникает и в крестьянский быт Украины. Учитывая запросы крестьян, торговцы чая добавляли к чайному листу рубленную мяту, березовые почки, снижая таким образом цену чая, но одновременно и его качество. В течение XX века чаепитие очень распространилось и в городской, и сельской среде, стало повседневным явлением. Кофе появился в Украине в начале XX века (больше в западных областях).

ЧАСТЬ 2

РЕГИОНЫ УКРАИНЫ

乌克兰区域概况

本书第二部分主要从区域的角度介绍乌克兰不同区域的概况。

在历史发展过程中乌克兰不同地区在民族、地理、文化等方面均存在差异，从而形成了一些面积、自然条件、发展历史和民族意识具有一定差异性的区域。乌克兰的典型地理区域包括切尔尼戈夫地区、基辅地区、第聂伯河沿岸地区、亚速海沿岸地区、顿巴斯、斯洛博达地区、黑海沿岸地区、波多利亚、波尔塔瓦地区、比萨拉比亚、布科维纳、加利西亚、外喀尔巴阡、波列西耶等。

切尔尼戈夫地区位于乌克兰北部。这是现代乌克兰最重要的地区之一，拥有最悠久的历史、如画的自然风光、世界级的精美建筑，有不可胜数的古寺庙和其他建筑古迹（最古老的有一千多年的历史），因此切尔尼戈夫被称为乌克兰历史的摇篮。

基辅地区是大公国时代以来的国家政治中心，是乌克兰地理、政治中心，也是古罗斯国家的历史中心。

乌克兰的社会经济区域可分为中部、西部、东北部、东部、中东部、南部地区。西部和中部属农业区，其显著特点是具有农业经济结构优势和农产品加工优势。东部为工业区，是乌克兰的主要工业区，重工业是东部地区的主要产业，如黑色和有色金属冶炼、机械制造业。南部地区为滨海区，具有重要的交通地理位置，拥有全年通航的不冻港，形成了发达的交通基础设施（包括运河、商船队、港口等），拥有乌克兰最大的造船厂和修船厂。

从常规区域划分看，乌克兰分为五个区：乌克兰北部地区、西部地区、中部地区、东部地区、南部地区。每个区域都有自己的社会经济特征、自然风貌和文化景点，都是乌克兰经济中不可分割的一部分，每个区域都因其不同的地理位置和自然条件而有所不同。

由于乌克兰气候条件对农业非常有利（气候温和、地势平坦、土壤肥沃、以黑钙土为主），因此农业在所有区域都占有重要地位，在西部和中部，农业和食品业在当地经济结构中处于领先地位。

ЧАСТЬ 2
РЕГИОНЫ УКРАИНЫ

具有悠久历史的乌克兰是旅游的好去处。著名的历史文化景点坐落在基辅、利沃夫、敖德萨、切尔尼戈夫、卡缅涅茨—波多利斯基等地，大量的考古遗址集中在乌克兰南部地区。基辅有着丰富的历史文化遗产，特别是拥有具有世界意义的博物馆群（根据联合国教科文组织的分类）——基辅佩切尔国家历史文化保护区、国家保护区"索菲亚博物馆"以及安德烈耶夫教堂、圣西里尔教堂等历史古迹。

乌克兰不同时代、不同风格的建筑吸引了大量游客。有坐落在基辅、切尔尼戈夫、卡涅夫的基辅罗斯（10至12世纪）纪念碑；有位于卢茨克、卡缅涅茨—波多利斯基、霍京、别尔哥罗德—德涅斯特罗夫斯基、乌日哥罗德、穆卡切沃内的防御要塞遗址；有利沃夫地区、切尔尼戈夫地区的宫殿建筑群；有基辅、利沃夫、哈尔科夫、波尔塔瓦、切尔诺夫策、乌日哥罗德的民用建筑古迹；有喀尔巴阡山脉祭祀用的木制建筑古迹等。基辅佩乔尔斯克修道院、圣索菲亚修道院建筑群、利沃夫的历史中心已被列入联合国教科文组织世界遗产名录。

Украина поделена на пять условных (близких по площади, природным условиям, истории развития и ментальности населения) регионов: **Северный, Западный, Центральный, Восточный и Южный.**

1. Северная Украина включает в себя Житомирскую (Житомир), Киевскую (Киев), Черниговскую (Чернигов) и Сумскую (Сумы) области общей площадью 114 500 км², или 19% территории страны.

2. В состав **Западной Украины** входит наибольшее количество административных областей (восемь): Волынская (Луцк), Ровненская (Ровно), Львовская (Львов), Закарпатская (Ужгород), Ивано-Франковская (Ивано-Франковск), Тернопольская (Тернополь), Хмельницкая (Хмельницкий) и Черновицкая (Черновцы) общей площадью 131 300 км², или 22% территории страны.

3. Центральную Украину представляют Винницкая (Винница), Черкасская (Черкассы), Полтавская (Полтава), Кировоградская (Кировоград) и Днепропетровская (Днепропетровск) области, занимающие площадь 132 700 км², или 22% территории страны.

4. Восточная Украина – самый индустриальный и густонаселенный регион страны – охватывает Харьковскую (Харьков), Луганскую (Луганск) и Донецкую (Донецк) области общей площадью 84 798 км², или 13,5% территории страны.

5. Приморский регион (Южная Украина) включает Симферополь, Одесскую (Одесса), Николаевскую (Николаев), Херсонскую (Херсон) и Запорожскую (Запорожье) области.

Историко-культурные регионы Украины

С культурной, исторической и географической точки зрения, на территории Украины выделяют следующие различные её части:

1. Черниговщина – историко-географический край в северо-восточной части Украины. Занимает северную часть Приднепровской низменности, так называемого левобережного Полесья. Сегодня слово «Черниговщина» употребляется для называния Черниговской области.

2. Киевщина – историко-этнографическая часть Украины, которая изначально включала в себя центральные и северные области Украины с центром в Киеве, то есть только правый берег среднего Приднепровья. В современном контексте слово Киевщина часто обозначает Киевскую область. Киевщина исторически сложилась как политическое ядро Украины.

3. Приднепровье (Поднепровье) определяется долиной (бассейном) реки Днепр. Занимает земли по левую и правую стороны Днепра. Подразделяется на Верхнее, Среднее и Нижнее Поднепровье.

Верхнее Поднепровье входит в состав частично Черниговской и Киевской областей и граничит на западе с Западным Полесьем (Волынь).

Среднее Поднепровье занимает территории Киевской, частично Черкасской, Кировоградской, Полтавской и Днепропетровской областей. На западе граничит с Подольем, на востоке – со Слобожанщиной и Донбассом.

Нижнее Поднепровье занимает часть территории Днепропетровской, Херсонской и Запорожской областей. На западе граничит с Причерноморьем, на востоке – с Приазовьем.

4. Приазовье – прибрежные территории Азовского моря (частично Донецкая, Запорожская, Херсонская области).

5. Донбасс – Донецкий угольный бассейн. Это регион, который включает северную часть Донецкой и южную часть Луганской областей.

6. Слобожанщина (Слободская Украина) – название региона происходит от типа поселений, население которых пользовалось бо́льшими вольностями, происходит от слова *свобода*. Регион охватывает практически полностью Харьковскую область, часть Сумской (юго-восточные районы), северную часть Луганской, северную часть Донецкой и небольшую восточную часть Полтавской областей.

7. Причерноморье – территориальная область, расположенная вокруг Чёрного моря.

8. Подолье (равнина под горами) занимает бассейн междуречья Южного Буга и левых притоков Днестра, охватывает территорию Винницкой, Хмельницкой, Тернопольской и небольшие части Ивано-Франковской и Львовской областей.

9. Полтавщина - регион Левобережной Украины, расположенный на левом берегу Днепра. Лежит в низовьях и в среднем течении Сулы, Псла, Ворсклы. В разные исторические периоды входил в состав Переяславского княжества, Киевского воеводства и др. Сегодня её границы находятся в пределах Полтавской области.

10. Бессарабия – историческая область между реками Днестр и Прут (ныне основная часть территории Молдавии и южная часть Одесской области).

11. Буковина – название происходит от некогда густых буковых лесов, остатки которых можно наблюдать по сей день в предгорьях Карпат и на Хотинской возвышенности. Северная часть Буковины составляет Черновицкую область, южная часть находится в Румынии.

12. Галиция (также **Галичина**) – примерно соответствует территории современных Ивано-Франковской, Львовской и западной части Тернопольской областей.

13. Закарпатье (то же, что Закарпатская Украина) – природная область на западе Украины, в бассейне реки Тиса. Включает Закарпатскую низменность и предгорье Карпат.

14. Волынь – историческая область на северо-западе современной Украины в бассейне южных притоков Припяти и верховьев Западного Буга. Волынь граничит на севере с Полесьем, на юге – с Подольем и Галицией. Восточной и западной границей считаются реки Уж и Западный Буг. Волынь охватывает современную Волынскую и Ровненскую области, а также западную часть Житомирской и северные части Тернопольской и Хмельницкой областей.

15. Полесье (территория по лесу, то есть граничащая с лесом). Украинское Полесье делится на пять физико-географических областей: Волынское Полесье, Ровенское Полесье, Житомирское Полесье, Киевское Полесье, Черниговское и Сумское Полесье.

Глава 1 | Северная Украина

乌克兰北部地区

乌克兰北部地区是乌克兰的历史文化区域，该地区由日托米尔州、基辅州、切尔尼戈夫州、苏梅州构成。该地区的中心城市有基辅、白采尔科维、鲍里斯波尔、瓦西里科夫、日托米尔、佩列亚斯拉夫—赫梅利尼茨基、罗姆内、苏梅、切尔尼戈夫。

乌克兰北部地区包括东欧平原、南波列西耶低地的部分地区，第聂伯河穿越该地区形成沿岸低地。

该地区几乎所有的河流都属于第聂伯河的支流。主要的大河流有杰斯纳河、捷捷列夫河、谢伊姆河、普里皮亚季河、乌日河。基辅水库也是该地区重要的水资源。

乌克兰北部地区有100多个民族，其中绝大多数是乌克兰人，其余为俄罗斯人、白俄罗斯人、犹太人、波兰人。乌克兰北部因是首都基辅所在地而显得尤为重要和特殊，这里是乌克兰国家的文化、政治、社会经济、交通、科学、宗教中心。

乌克兰北部地区拥有丰富的自然资源：矿物、矿石、燃料、土地、水、森林。该地农业主导行业是种植业，其中粮食作物占优势地位。在工业结构中尤为突出的是机械制造业（包含重工业的各个种类）、轻工业、食品工业、化学工业。

这里有丰富的历史文化和建筑遗迹：基辅罗斯时代的建筑物、宫殿、行政大楼、公园建筑，还有各个时代的纪念碑例如金门（11世纪）、别里斯托夫救世主教堂（11世纪）、特洛伊茨科—伊林斯基修道院（10—18世纪）、维杜别茨基修道院（11—18世纪）、圣迈克尔的金圆顶修道院（11—18世纪）、圣西里尔教堂（12—18世纪）、圣索菲亚大教堂（11世纪）、基辅—佩乔尔斯克修道院建筑群（11世纪）、圣安德烈教堂（18世纪）、圣弗拉基米尔大教堂（9世纪）、马林斯基宫（18世纪）、"亚历山大"植物园（18世纪）、乌克兰皮罗戈沃民间建筑与生活博物馆、波列斯克自然保护区"德斯尼扬斯卡—斯塔罗古茨基"、格卢霍夫国家历史文化保护区国家自然公园、冈察诺夫卡皇家园林、伊奇尼扬斯基国家自然公园等。

1.1. Общая характеристика региона

Северная Украина – регион, включающий территории Житомирской,

Киевской, Черниговской и Сумской областей. Также к Северной Украине иногда относят территории Ровенской и Волынской областей.

Культурными, административными и промышленными центрами региона являются города:

- Житомир – административный центр Житомирской области, один из старейших городов Древней Руси, родина основоположника советской космонавтики Сергея Королева.

- Киев – столица и крупнейший город Украины, туристический, научный и культурный центр. Расположен на реке Днепр.

- Переяслав-Хмельни́цкий – один из древнейших городов Руси, город-музей (в городе 27 музеев).

- Ромны – город основан в 902 году н. э. Под названием «Ромен» впервые упомянут в 1096 году при описании боёв Киевского князя Владимира Мономаха с половцами.

- Сумы – административный центр Сумской области.

- Чернигов – самый северный областной центр Украины, исторический центр Северской земли, один из крупнейших городов Древней Руси.

Рельеф. Северный регион Украины охватывает часть Восточно-Европейской равнины, юг Полесской низменности, Приднепровскую низменность. Почти все реки региона принадлежат бассейну Днепра. Наибольшие реки, кроме Днепра, в границах региона: Десна, Тетерев, Сейм, Припять, Уж. На территории края расположено Киевское водохранилище.

Население региона. Северный регион Украины – это давно заселенная территория, колыбель украинского народа. На территории региона проживают представители более 100 национальностей. Подавляющее большинство из них – украинцы (82%). Среди этнических меньшинств – русские, белорусы, евреи, поляки и другие. Свыше 58% населения Северного региона проживает в городах.

1.2. Социально-экономические особенности региона

Специфика расположения Северной Украины заключается в том, что здесь находится столица Украины – город Киев. К нему сходятся железные дороги, автомагистрали, речные и воздушные пути, что положительно влияет на социально-экономическое развитие региона.

Территория Северной Украины богата <u>природными ресурсами</u>. Среди минеральных – нерудные полезные ископаемые, залежи гранита, лабрадоритов и габбро, запасы которых составляют соответственно 92 и 94% от всех залежей этого ценного камня в Украине. На территории региона обнаружены уникальные месторождения мрамора, драгоценных камней (горного хрусталя, граната, топаза, аметиста, опала, берилла и др.).

На Житомирщине находится один из каолиновых регионов (каолины используют в фармацевтической промышленности, для изготовления косметических средств, фарфорово-фаянсовых изделий, бумаги).

Из рудных полезных ископаемых промышленное значение имеют титановые руды (Житомирская область). Нефтью и газом богата Черниговская область. Бурый уголь добывается в западной части Житомирщины. На Полесье залегают крупнейшие в Украине залежи торфа.

В регионе преобладают земельные (60%), водные и лесные ресурсы.

<u>Земельные ресурсы</u>. Климат региона умеренно континентальный, с достаточным количеством осадков, теплым летом и сравнительно мягкой зимой. Агроклиматические ресурсы региона благоприятны для сельскохозяйственного производства. Ведущая отрасль – растениеводство. В его структуре преобладают зерновые культуры – озимая пшеница, ячмень, рожь, овес, гречиха, зернобобовые. Основными техническими культурами являются лен и сахарная свекла. Животноводство региона специализируется на скотоводстве, свиноводстве, птицеводстве.

Значительным разнообразием характеризуются <u>водные ресурсы</u> региона. На его территории протекает 594 реки длиной более 10 км. Реки играют важную роль в хозяйстве, их воду используют в энергетике. Днепр, Припять, Десна являются судоходными.

<u>Лесные ресурсы.</u> Одним из основных богатств региона есть лес. Лесистость территории составляет 26% площади. По запасам древесины Северный регион занимает первое место в Украине. В регионе заготавливают почти 5 млн тонн древесины, что составляет 30% заготовки леса в Украине.

В структуре <u>промышленности</u> выделяется *машиностроение*. Здесь представлены практически все виды машиностроения – от тяжелого к точному.

Станкостроение развито в Киеве и Житомире. В регионе работают одни из самых мощных в Украине предприятия точного машиностроения, по производству радио- и электроприборов, радиоэлектроники (Киев, Чернигов, Житомир, Коростышев, Васильков, Белая Церковь). Самый крупный центр транспортного машиностроения – Киев (судостроение, авиастроение, автомобилестроение, выпуск мотоциклов, велосипедов).

Легкая промышленность региона представлена текстильной, швейной, обувной отраслями. Регион занимает первое место в стране по производству шерстяных тканей (Чернигов, Березань, Богуслав, Коростышев). Шелковая промышленность сосредоточена в Киеве. Хотя крупнейшие трикотажные объединения находятся в столице, география трикотажных предприятий в регионе достаточно широка: Белая Церковь, Бровары (детский трикотаж), Житомир (чулочные изделия), Бердичев (рукавицы), Радомышль и др. На регион приходится около 42% кожевенно-обувной продукции в Украине. Ее производят в Житомире, Бердичеве, Киеве, Белой Церкви, Прилуках, Чернигове.

Для региона характерна высокая степень концентрации предприятий *пищевой промышленности*. Здесь производится 16% продовольственных товаров Украины, в том числе 9% сахара, 15% консервной продукции. Регион занимает первое место в стране по объемам производства мясной и молочной продукции. Хмелефабрика в Житомире перерабатывает 75% хмеля Украины.

Значительную роль играет химическая *промышленность*. Крупнейшие центры химического производства в регионе – Киев, Чернигов, Белая Церковь, Житомир, Нежин, Коростень.

Наличие значительного количества строительного сырья и мощного потребителя обусловливает развитие *промышленности строительных материалов* (здесь производятся почти все их виды).

Одной из старейших в регионе и в Украине является *фарфорово-фаянсовая промышленность*. Она образует специализированный отраслевой куст, включающий Барановский, Городницкий, Довбышский, Олевский, Коростенский фарфоровые заводы, Камянодрибский фаянсовый завод, Житомирский завод лабораторного стекла и ряд стеклозаводов.

1.3. Природные и культурные достопримечательности

Регион богат своими сакральными достопримечательностями, которые есть в каждой области края, а также культурно-историческими, архитектурными памятниками, памятниками садово-паркового искусства. В регионе большое количество природоохранных зон и историко-культурных заповедников.

Киев и Киевская область

Среди достопримечательностей Киевской области – более 6 тысяч памятников культурного наследия, 8 городов всеукраинского исторического значения.

Основные достопримечательности Киевской области – национальный историко-этнографический заповедник «Переяславль», государственный историко-культурный заповедник в городе Вышгород, дендрологический парк «Александрия» в городе Белая Церковь, остатки фортификационных сооружений X-XIII вв., городище XII-XIII вв.

В Киеве много творений древнерусского и украинского зодчества различных эпох и стилей. Наиболее значительные – Золотые ворота (XI в.), церковь Спаса на Берестове (1113-1125 гг.), ансамбли Выдубецкого (XI-XVIII вв.) и Михайловского Златоверхого (XI-XVIII вв.) монастырей, Кирилловская церковь (XII-XVIII вв.), а также объекты Всемирного наследия ЮНЕСКО Софийский собор (1037 г.) и Киево-Печерская лавра (XI-XVIII вв.).

Киев – всемирно известный древний город. Своими корнями он углубился в давнюю историю, которая насчитывает более 1500 лет.

Согласно отчетам археологов, на территории региона найдены поселения возрастом до 25 тысяч лет – главные достопримечательности Киевской области. Поселения представлены трипольской, белогрудовской, зарубинецкой, а также черняховской (т.н. «киевской») культурами.

Почти на всех этапах исторического развития древнерусского государства Киев играл роль административно-политического центра: в VII-VIII вв. он был центром раннего государственного образования славян – Полянского княжества; в IX-XII вв. – столица Киевской Руси – могущественного восточнославянского государства, хорошо известного в Европе, Азии и на Ближнем Востоке.

Киево-Печерская лавра (XI-XVIII вв.)

Сейчас Киев является административно-политическим, экономическим, культурным, научным и религиозным центром. По численности населения он входит в десятку крупнейших городов Европы.

Киев раскинулся с севера на юг вдоль обоих живописных берегов Днепра. Более половины территории города составляют леса, зеленые насаждения и водоемы. Недаром Киев прослыл как «город-парк» на Днепре.

Почти все исторические эпохи оставили в Киеве свои следы в виде памятников археологии, истории, архитектуры, искусства. Уникальное историко-культурное наследие города формируют 2148 памятников, охраняемых государством. Из них 39 – международного значения, 437 – государственного и 1711 – местного. К тому же Киев имеет благоприятные природно-рекреационные ресурсы: умеренно-теплый климат, значительные массивы лесов, окружающих город, с малыми реками и водоемами создают прекрасные условия для отдыха, оздоровления, лечения людей и формируют предпосылки роста туристических потоков в город.

Киево-Печерская лавра (XI-XVIII вв.) – один из первых по времени основания монастырей в Древнерусском государстве (Киевской Руси). Лавра основана в 1051 году при Ярославе Мудром монахом Антонием. Князь I Святослав II Ярославич подарил монастырю плато над пещерами, где позже выросли прекрасные каменные храмы, украшенные живописью, келии, крепостные башни и другие строения.

Со времени своего основания как пещерного монастыря Киево-Печерская обитель была постоянным центром православия на Руси.

В настоящее время Киево-Печерская лавра находится в центре Киева, на правом берегу Днепра, и занимает два холма, разделённых глубокой ложбиной, спускающейся к Днепру. Монастырская жизнь сегодня, сосредоточена на территории Нижней лавры. На территории Верхней Лавры действует «Национальный Киево-Печерский историко-культурный заповедник». Обе части Лавры открыты для посетителей.

Софийский собор (XI в.) – одно из немногих уцелевших сооружений времен Киевской Руси. Согласно летописи, храм был возведен в первой половине XI века князем Ярославом Мудрым на месте победы в 1037 году над печенегами.

Софийский собор (XI в.)

София была главным религиозным, общественно-политическим и культурным центром Древнерусского государства. Здесь происходили церемонии «посажения» великих киевских князей, у стен храма собиралось народное вече, здесь велось летописание и размещалась первая на Руси библиотека.

На рубеже XVII-XVIII вв. собор был внешне перестроен в стиле украинского барокко. Внутри его сохранился самый полный в мире ансамбль подлинных мозаик (260м²) и фресок (3000м²) первой половины XI века и значительные фрагменты стенописи XVII-XVIII вв., что позволило включить Софию в список всемирного наследия ЮНЕСКО.

В ряду всемирно известных храмов Софийский собор занимает одно из первых мест по художественному совершенству, красоте, величию и масштабам. Собор ныне является сердцевиной Национального заповедника «София Киевская» – одного из крупнейших музейных центров Украины, который включает также Золотые ворота (XI в.), Кирилловскую церковь (XII в.) и Андреевскую церковь (XVIII в.) в Киеве.

Золотые ворота (XI в.)

Золотые ворота (XIв.) – один из немногих памятников оборонного зодчества Древнерусского государства периода правления князя Ярослава Мудрого. Золотые Ворота представляют собой крепостную башню с широким (до 7,5 м) проездом. Высота сохранившихся стен достигает 9,5 метров.

Это – главные ворота города, одни из трёх крупных городских ворот, сооружённых при Ярославе Мудром. Со стороны поля перед воротами проходил ров шириной 15 метров и глубиной 8 метров.

Золотые Ворота оставались воротами в город до XVIII века. Своё название киевские Золотые Ворота получили от Золотых ворот Константинополя, выполнявших аналогичные функции.

Кирилловская церковь (XII в.)

ЧАСТЬ 2
РЕГИОНЫ УКРАИНЫ

Кирилловская церковь (XIIв.) – один из древнейших храмов, сохранившихся на территории бывшего Древнерусского государства. Была построена в 1140-1167 гг.

За все время своего существования храм ни разу не разрушался, а только частично перестраивался, постепенно соединив в себе несколько архитектурных стилей: византийский, староруccкий и украинское барокко. Само здание церкви довольно хорошо сохранилось с XII века.

Стены Кирилловской церкви украшают фрески XII века, отдельные росписи XVII века и масляные фрески XIX века (в тех местах, где древние фрески не сохранились).

Андреевская церковь (XVIIIв.) – один из красивейших православных храмов Киева, построен в 1754 году в стиле барокко по проекту архитектора Бартоломео Растрелли и назван в честь апостола Андрея Первозванного.

По преданию, апостол Андрей взобрался на холм (на котором ныне стоит Андреевская церковь), поставил крест и провозгласил, что на этих

Андреевская церковь (XVIII в.)

холмах будет город с большим количеством церквей. Спустя несколько столетий на склонах Днепра появился Киев.

Современный фасад Михайловского монастыря

Михайловский Златоверхий монастырь (XIIв.) – один из старейших монастырей Киева. Включает разрушенный в 1930-е годы и заново построенный в середине 1990-х годов соборный храм в честь святого Архангела Михаила в стиле украинского барокко, а также трапезную с церковью Иоанна Богослова (1713 г.) и колокольню (1716-1719 гг.).

В XII веке храм был местом

захоронения князей. С древнейшей поры он носит название Златоверхий. Предполагается, что Михайловский собор был первым храмом с позолоченным верхом, откуда на Руси пошла эта своеобразная традиция.

На колокольне монастыря установлены современные электрические часы-куранты и клавишно-колокольный музыкальный инструмент карильон, предназначенный для исполнения сложных мелодий специально подготовленным музыкантом.

Интерьер Владимирского собора

Михайловский собор имеет особое значение для киевлян, ибо он посвящён Архистратигу Михаилу – небесному покровителю Киева.

Владимирский собор (1862-1896гг.) – главный храм Украинской православной церкви Киевского патриархата, построен в честь крестителя Руси – князя Владимира. Внешнее и внутреннее убранство собора выполнено в старовизантийском стиле, который присущ церквям, строившимся во времена Владимира Святого и Ярослава Мудрого.

Владимирский собор увенчан семью золотыми куполами. Длина храма составляет 55 метров, ширина – 30, в высоту собор вместе с крестом достигает 49 метров. Главный материал, из которого выполнен центральный иконостас собора – мрамор. Для отделки иконостаса и пола разноцветный мрамор специально доставляли из Италии, Франции, Бельгии и Испании. Мозаичные работы выполняли мастера из Венеции.

Основная ценность Владимирского собора – это его уникальные росписи, благодаря которым храм получил статус памятника культуры. Стены храма украшают огромные композиции на библейские темы. Примечательно и то,

Мариинский дворец (XVIII в.)

что изображены не только лики святых, но и исторические сюжеты («Крещение князя Владимира», «Крещение киевлян»), а также портреты исторических личностей (Александра Невского, Андрея Боголюбского, княгини Ольги).

Мариинский дворец (XVIII в.) – один из самых красивых дворцов Украины, построенный в 1752 году по проекту архитектора Бартоломео Растрелли.

Мариинский дворец, в то время именовавшийся Царским, был сооружен по приказу российской императрицы Елизаветы Петровны и являлся киевской резиденцией императорской семьи.

Дворец полностью сгорел в начале XIX века, но лишь в 1870 году император Александр II отдал приказ о восстановлении дворца по документам, оставшимся с момента строительства. Вместо сгоревших в пожаре второго этажа и всех парадных помещений возвели каменный второй этаж, а фасады и интерьеры дворца дополнили новыми деталями и полностью переработали в стиле классицизма, «разбавленного» элементами ренессанса и барокко.

Только по завершении реконструкции дворец получил своё нынешнее название – в честь вдовы Александра III императрицы Марии Александровны, которая проводила здесь очень много времени.

Мариинский дворец получил в своё распоряжение удивительной красоты парк, в ландшафт которого прекрасно вписываются многочисленные извилистые тенистые аллеи. Весь комплекс дворца построен на полной симметрии – главный корпус с боковыми флигелями образуют квадратный внутренний двор.

В настоящее время Мариинский дворец – церемониальная резиденция Президента Украины.

Дом с химерами (XX в.). Своё название дом получил благодаря скульптурным украшениям (расположенным как на фасаде дома, так и внутри его), тематика которых – наземный и подводный животный мир, атрибуты охоты, сказочные существа.

Архитектор Владислав Городецкий построил это здание в 1901-1903 годах

Дом с химерами (1903 г.)

как доходный дом с помещениями для своей семьи. Место строительства выбрал над крутым обрывом. Чтобы создать устойчивое основание для дома, в холм вбили около 50 бетонных свай на глубину 5 метров. Это был первый дом в Киеве, построенный с использованием нового материала – цемента. Дом используется в качестве резиденции Президента Украины.

Национальный музей народной архитектуры и быта Украины «Пирогово» – один из крупнейших скансенов (музеев под открытым небом) в мире. Организован в 1969 году на территории пригородного поселка Пирогов (Пирогово). Отображает ландшафт, архитектуру и сельский быт разных регионов Украины.

На 150 гектарах собрано более 300 деревянных построек XVI-XX веков, привезенных из разных уголков страны: храмы, жилые дома, хозяйственные постройки. Древнейший экспонат – однокомнатная хата с курной печью 1587 года постройки. В хате использовалась печь без дымохода. Отверстия для выхода дыма не было, в целях экономии тепла дым сохранялся в помещении, а излишек выходил через входное отверстие.

Композиционным центром комплекса является группа ветряных мельниц. Пейзажную панораму дополняют деревянные церкви, старейшая из которых – Надднепрянская (1742г.). Усадьбы с сельскими домами и хозяйственными зданиями сформированы с документальной достоверностью и сгруппированы в соответствии с особенностями планирования поселений того или иного историко-этнографического и географического региона.

В фондах музея хранится более 70 тысяч предметов быта, произведений народного искусства, орудий труда, одна из лучших коллекций народных музыкальных инструментов.

Хата с курной печью (1587 г.)

Надднепрянская церковь (1742 г.)

ЧАСТЬ 2
РЕГИОНЫ УКРАИНЫ

Интерьер украинской хаты XIX века

Деревянные ветряные мельницы

Национальный историко-этнографический заповедник «Переяслав» – один из крупнейших и известнейших музейных учреждений Украины. Переяслав (с 1943 года – город Переяслав-Хмельницкий) имеет давнюю и богатую выдающимися событиями историю. По данным русских летописей, он был третьим крупным городом древнерусского государства – после Киева и Чернигова. Переяславское княжество играло роль южного форпоста на пути набегов степных кочевников на Киев.

Жилище XI века

В состав заповедника входят более 400 объектов и памятников культурного наследия; действуют 24 тематических музея различных профилей, большинство из которых размещается в памятниках архитектуры (церкви, бывшие мещанские и помещичьи дома, крестьянские избы и другие сооружения).

Основной фонд заповедника насчитывает более 180 тыс. единиц хранения. Наиболее значительными памятниками уникальной археологической коллекции (около 90 тыс. единиц) являются каменные монументальные скульптуры и погребальные ящики (II-I тыс. до нашей эры), вещи скифского времени (V в. до нашей эры); бронзовые хорос-люстры (XI в.), подсвечник западноевропейской работы (XI-XII вв.) и др.

Переяслав-Хмельницкий объявлен городом-музеем. Среди основных достопримечательностей города – **Музей народной архитектуры и быта**

Среднего Поднепровья, который является частью Национального этнографического заповедника с названием «Переяслав». В музее, занимающем значительную парковую зону с озерами, представлены жилые здания XVIII-XIX вв., а также реконструированные постройки более раннего периода. На территории музея работает множество небольших музеев – украинского рушника, декоративно-прикладного искусства, народных обрядов, истории пчеловодства, наземного транспорта, хлеба, музей-почта, музей Украинской православной церкви.

Дендропарк «Александрия» – памятник садово-паркового искусства, основан по образу и подобию парков под Санкт-Петербургом. Один из крупнейших парков Восточной Европы.

В 1784-1786 годах было начато строительство, которое активно продолжалось вплоть до отмены крепостного права в 1861 году.

Парк является образцом пейзажной парковой композиции, основу которой составляют растения, архитектурные сооружения, скульптуры, водная гладь реки Рось и прудов.

Дендропарк «Александрия»

Житомирская область

Большая часть области находится в границах Приднепровской возвышенности. На территории Житомирской области расположено много рек и озер, а также 10 заказников и Полесский заповедник. Довольно интересным является природный уголок – Словечанско-Овруцкий кряж, состоящий из розовых, красных кварцитов и песчаников.

На Житомирщине сохранились разностилевые христианские и культовые сооружения XVI-XX вв. Светское архитектурное наследие воплощено во дворцах, парковых сооружениях и административных зданиях.

Кармелитский монастырь-крепость (город Бердичев)

Строительство крепости пришлось на XVI век (возводились башни и оборонительные стены, был построен костел в стиле барокко). На территории комплекса находится подземный Мариинский костел, кельи, торговые склепы и хозяйственные постройки.

За всю историю своего существования Кармелитский монастырь был не только оборонительным сооружением, но и мощным торговым центром, здесь находилась крупная типография, было выпущено множество самых разнообразных книг, была большая библиотека. Монастырь сохранился в своем первозданном виде.

Полесский природный заповедник – самый крупный заповедник в Украине. Был создан в 1968 году с целью сохранения типичных природных комплексов Полесья, охраны реликтовых и эндемических растений, животных, обогащения природных лесов региона.

Это территория озер, рек и непроходимых болот площадью более 20 тыс. га. Леса занимают 73% площади заповедника, болота и заболоченные земли – около 22%, луга – 2%. Здешняя местность чем-то напоминает тайгу: она покрыта специфическими лесами, которые больше нигде в Украине не встречаются. Флора заповедника включает 526 видов высших растений, 135 мохообразных и 134 вида лишайников.

В заповеднике встречаются 39 видов млекопитающих, 180 – птиц, 7 – пресмыкающихся, 11 – земноводных, 19 – рыб, 537 – насекомых.

Богатый и разнообразный животный

Словечанско-Овручский кряж

мир Житомирского Полесья. Здесь обитают лось, косуля, дикий кабан и волк, лисица, рысь, бобер, выдра и ондатра. Известно более 90 видов птиц, среди которых есть большие и маленькие, летающие и бегающие: серая куропатка, рябчик, тетерев, глухарь, серая цапля и др.

Словечанско-Овручский кряж представляет собой холмистую гряду, вытянутую с запада на восток примерно на 50 км. Название кряжа происходит от названий села Словечно и города Овруч.

Кряж возвышается над окружающей его Полесской низменностью, отделяясь от неё уступом. Южные склоны кряжа крутые, северные – более пологие. Поверхность кряжа холмистая, рассеченная оврагами с глубиной до 20-25 м.

Кряж состоит из песчаников и розовых и красных кварцитов, которым около 1300-1500 млн лет. Эти породы являются хорошим строительным материалом. Кроме того, это единственное место, где находятся залежи редкого минерала пирафилита, из которого в древние времена делали украшения, а сейчас его используют для изготовления мощных светоизлучателей.

Сумская область

Область расположена на северо-востоке Украины. В регионе находится целый ряд заказников общегосударственного значения, Государственный историко-культурный заповедник «Глухов» и одно из старейших украинских озер в Украине – Шелеховское озеро, образовавшееся еще во время ледникового периода и до сегодняшнего дня не потерявшее холод, полученный от ледника в наследство.

Шелеховское озеро

Памятник мамонту (село Кулешовка)

Этот 3-метровый чугунный монумент – первый памятник мамонту в мире – установлен в 1841 году в честь находки местными жителями прекрасно сохранившегося скелета мамонта.

В настоящее время памятник является главной достопримечательностью региона, он изображён на гербе Недригайловского района.

Деснянско-Старогутский национальный природный парк

В парке сохраняются, воссоздаются и рационально используются ландшафты Левобережного Полесья с типичными и уникальными природными комплексами. Заповедная зона занимает площадь 2357,4 га и включает озёра в пойме Десны и значительную часть Старогутского лесного массива.

Придеснянская часть парка представляет собой пойменную территорию и боровую террасу Десны и её притоков. Пойма Десны, шириной 2-4 км, хорошо выражена на всём протяжении и очень живописная. На ней много озёр, заболоченных участков.

Старогутская часть парка расположена в пределах почти сплошного лесного массива. Общую равнинную поверхность в её западной части несколько нарушают заболоченные долины небольших водотоков – левых притоков Десны.

Леса на территории парка занимают 53% его площади, луга – 33%, болота – около 4%, на водные поверхности приходится 2%, а остальную территорию (около 8%) занимают угодья.

Флора национального парка насчитывает 801 вид высших сосудистых растений.

Уникальность фауны естественного парка обусловлена наличием около трех десятков видов животных северного комплекса, большинство из которых находятся на южной границе своего ареала и нигде больше на Левобережье Украины не обнаружены. Такие виды, как медведь бурый, рысь, сыч, ореховка встречаются только здесь и в Карпатах. А для зайца белого, свища и овсянки регион национального парка является единственным местом обитания на территории всей Украины.

В парке присутствуют и типичные южные, и даже степные жители (тушканчик большой, слепыш обычный, лунь луговой, дрофа и др.). Большинство этих видов находятся уже, наоборот, на северной границе своего распространения. То есть фауна позвоночных парка приближается к переходной зоне, для которой свойственно смешение элементов различного происхождения.

Государственный историко-культурный заповедник «Глухов» – это научно-исследовательское и культурно-просветительское заведение, которое было создано с целью изучения, охраны, сохранения, реставрации и рационального использования историко-культурного наследия города.

Глухов – один из древнейших украинских городов Древнерусского государства, последняя столица гетманской и Левобережной Украины, культурный центр края.

Государственный историко-культурный заповедник «Глухов»

Глухов – единственный в Украине небольшой исторический город, в центральной части которого сохраняются сооружения XVIII – начала XX вв. разных архитектурных стилей, включая храмы, усадебные дома, остатки земляных укреплений Глуховской крепости. Всего в реестре заповедника насчитывается 50 объектов, имеющих историческую и культурную ценность.

Черниговская область

Область расположена на севере Украины, на левом берегу среднего течения Днепра. Древний Черниговский край известен большим количеством уникальных памятников истории и архитектуры княжеских и казацких времен, из которых более 200 имеют мировое значение, свидетельствующее о выдающейся роли Черниговщины в формировании Киевской Руси и Украинского государства.

Чернигов – один из самых старых городов Украины. Согласно археологическим раскопкам, поселение появилось еще в VII веке, а в начале X века город уже упоминался в официальных документах. Чернигов называют городом-музеем под открытым небом.

Троицко-Ильинский монастырь (X-XVIII вв.) в Чернигове – один из самых выразительных архитектурных ансамблей Украины. Ансамбль состоит из двух, объединенных ландшафтом и архитектурой, частей – бывшего Ильинского монастыря (XI-XVII вв.) и Троицкого монастыря (XVII- XVIII вв.).

Как сообщает летопись, начало монастырю положил в 1069 году монах Антоний Печерский. «Ископанные» им и его последователями в яру Болдиных гор пещеры со временем стали

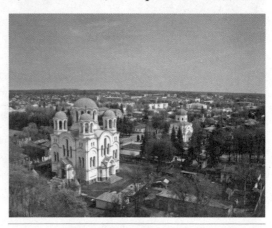

Троицкий кафедральный собор

обширным подземным комплексом, который известен сегодня во всем мире как памятник подземного строительства «Антониевы пещеры». В настоящее время Троицкий собор является действующим храмом.

Батуринская крепость – крепость, построена в начале XVII века в городе Батурин. Основная часть крепости – цитадель – укрепленная часть старого Батурина. Цитадель была небольшой по площади, окружена рвом с деревянными укреплениями, защищавшими гетманский дом, деревянную церковь и сокровищницу. Сейчас эти сооружения времен гетмана Ивана Мазепы почти полностью восстановлены.

Оборонные валы Батуринской крепости

В 1669-1708 годах Батурин являлся резиденцией гетманов Левобережной Украины – Демьяна Многогрешного, Ивана Самойловича, Ивана Мазепы, а также последнего гетмана Украины Кирилла Разумовского.

«Цитадель Батуринской крепости» – это культурная композиция, которая входит в состав Национального историко-культурного музея-заповедника «Гетманская столица». Заповедник включает 39 объектов, имеющих национальное, историческое, археологическое, природное и архитектурное значение. В его фондах хранится более 15 тысяч экспонатов. Среди них – иконы, монеты, кресты, керамика, пушки, наконечники стрел и пик, сабли, кресала и другие предметы казацкого периода в истории Украины.

Садовый фасад Качановской усадьбы

Национальный историко-культурный заповедник «Качановка» – это единственный в Украине дворцово-парковый комплекс, сохранившийся во всем своем объеме. Заповедник объединяет памятник садово-паркового искусства – Качановский парк и дворец. Кроме парка, в заповеднике сохранились Георгиевская церковь, служебные и хозяйственные помещения.

Комплекс начал формироваться в XVIII веке, наибольшее развитие получил в середине и второй половине XIX века. Фасады одноэтажного здания декорированы многочисленными башенками, шатрами, шпилями, уступами и нишами.

С 1824 по 1866 год поместьем владела семья меценатов Тарновских. При Тарновских (они увлекались украинскими древностями) Качановка считалась украинским Парнасом. Ее посещали многие известные писатели, поэты,

композиторы, художники: Николай Гоголь, Михаил Глинка, Тарас Шевченко, Михаил Врубель, Илья Репин и др.

Ичнянский национальный природный парк создан с целью сохранения, воспроизведения и рационального использования типичных и уникальных лесостепных природно-ландшафтных и историко-культурных комплексов в верховье реки Удай.

По своему природному потенциалу территория парка не имеет альтернативы в северном районе Левобережной лесостепи и характеризуется большой экологической ценностью.

В растительном покрове около 60% составляют лесные комплексы, которые фрагментарно распространены по всей территории парка и занимают около 16% его общей площади. По составу пород преобладают дубово-сосновые, дубовые и грабово-дубовые леса.

Глава 2 Западная Украина

乌克兰西部地区

乌克兰西部地区是乌克兰历史文化区，其中包括沃伦州、外喀尔巴阡州、伊凡诺—弗兰科夫斯克州、利沃夫州、罗夫诺州、捷尔诺波尔州、赫梅利尼茨基州、切尔诺夫策州。

西部主要城市有利沃夫、切尔诺夫策、赫梅利尼茨基、捷尔诺波尔、卡梅涅茨—波多尔斯基、伊万诺—弗兰科夫斯克、乌日哥罗德、罗夫诺、卢茨克、多罗毕其、穆卡切沃、别列戈沃。喀尔巴阡山脉横亘在利沃夫州、伊万诺—弗兰科夫斯克州、外喀尔巴阡州和切尔诺夫策州，乌克兰的最高点也位于喀尔巴阡山脉，即戈韦尔拉山（海拔2061米）。

西部最有名的湖泊是沙茨基湖，该湖包括斯维佳兹湖（沃伦州）、西涅维尔湖（喀尔巴阡山脉）、萨拉特温斯基咸水湖（位于外喀尔巴阡州）。而乌克兰西部的主要河流是德涅斯特河、普里皮亚季河、普鲁特河和提萨河。

乌克兰西部资源丰富，拥有多种燃料和能源（开采硬煤和褐煤、泥煤、石油和石油产品、天然气、电力等）。电力行业是该地区的主要行业，这里有布尔什滕发电站、多布洛特沃尔发电站、罗文斯基核电站、赫梅利尼茨基核电站。

乌克兰西部的主要工业为石油、天然气、食品、轻工、木材、木材加工、化工、陶瓷行业。

乌克兰西部是民族文化的发祥地，这里有古老的传统和民族礼仪，圣母安息大教堂（12世纪)、圣乔治主教座堂(18世纪)、波恰耶夫修道院(18世纪)、扎拉娃马里修道院、城堡(11世纪的土城)、乌日哥罗德(10—11世纪)、杜边斯基(12世纪)、兹巴拉日斯基(17世纪)、王子柳巴尔托卢茨克堡(14世纪)、切尔诺维茨基(19世纪)、施波恩(19世纪)、利沃夫金马蹄城堡(12世纪)、波德格列茨基(17世纪)、奥列斯基(13—18世纪)、霍京堡(10—13世纪)、卡缅涅茨—波多利茨基(11—17世纪)、特鲁斯卡韦茨和莫罗什的疗养院等、国家公园(沙茨基、"斯科列—贝斯基德""古楚尔什那")、温泉旅游综合体"布加维尔"等历史古迹均位于该地区。

2.1. Общая характеристика региона

Термин «Западная Украина» употребляется в двух значениях. В основном так называют только три Галицкие области – Львовскую, Ивано-Франковскую и Тернопольскую. Административно Западную Украину формируют 8 областей страны: Волынская, Закарпатская, Ивано-Франковская, Львовская, Ровенская, Тернопольская, Хмельницкая и Черновицкая.

На территории Западной Украины находятся следующие этнические регионы:

- Верховина (Коломыя, Косов, Яремче, Рахов, Ворохта, Верховина).
- Волынь (Луцк, Ковель, Ровно).
- Галичина (Львов, Ивано-Франковск, Тернополь, Дрогобыч, Трускавец).
- Закарпатье (Ужгород, Мукачево, Берегово).
- Подолье (Бучач, Чертков, Борщев, Каменец-Подольский).
- Северная Буковина (Черновцы, Хотин, Белая Криница).

Культурными, административными и промышленными центрами региона являются города Западной Украины:

- Берегово – центр венгерской культуры на Украине.
- Ивано-Франковск – промышленный и культурный центр Прикарпатья.
- Луцк – историко-культурный, научно-образовательный и главный туристический центр Северо-Западного края Украины.
- Львов – экономический, культурный и политический центр Западной Украины, важнейший научно-образовательный, промышленный, туристический, деловой город Западного региона.
- Ровно – промышленный и культурный центр Западного Полесья и Волыни.
- Тернополь – туристический, научный и культурный центр Галичины и Подолии.

- Ужгород – главный промышленный, культурный и туристический центр Закарпатья.

- Черновцы – главный промышленный, торговый, научно-образовательный и культурный город Буковины, важнейший научно-образовательный, туристический и культурный центр Западной Украины.

Рельеф. На западе Украины расположены самые высокие горы в стране – Украинские Карпаты, представляющие суженную (до 60-100 км) и пониженную часть Восточных Карпат. Горы состоят из ряда параллельных хребтов, вытянутых с северо-запада на юго-восток на 270 км (наивысшая точка – гора Говерла, 2061 м). В юго-западных предгорьях Украинских Карпат простирается Закарпатская низменность.

Природные условия региона своеобразны: значительная часть расположена на Полесской низменности, остальная – на Волынской возвышенности.

На **климат** региона влияют арктические и атлантические воздушные массы. За год в среднем выпадает 600-700 мм осадков, но и это приводит к заболачиванию, так как количество осадков преобладает над испарением. Полесье богато минеральными водами. Растительный мир представлен широколиственными лесами, в которых произрастает около 120 древесных и кустарниковых пород. На юге преобладает лесостепная травянистая растительность.

Население региона. Плотность населения одна из самых низких среди регионов Украины (55 человек на 1 км2). Наиболее заселена южная часть. На территории региона живит украинцы, русские, белорусы, евреи, поляки, литовцы и другие народности. В Закарпатской области второе место после украинцев занимают венгры (далее за ними следуют румыны и русские), а в Черновицкой области – румыны (далее – молдаване, русские).

2.2. Социально-экономические особенности региона

Полезные ископаемые. Топливные ресурсы представлены каменным углем (частично Львовско-Волынский бассейн), бурым углем (Закарпатская область), торфом (Полесье). Главным центром добычи и аккумуляции природного привозного газа является Львовская область. Распространены строительные материалы: гранит, базальт, гнейс, известняк, мел, глины. В Ровненской области имеется янтарь и каолин, в Волынской – обнаружены медные руды.

Ведущая отрасль топливно-энергетического комплекса – *электроэнергетика* – представлена Бурштынской, Добротворской ГРЭС (государственная районная электрическая станция), Ровненской и Хмельницкой АЭС (атомная электростанция). Электростанции объединены в системе («Львовэнерго»). Важная роль принадлежит Западноукраинской распределительной подстанции в межгосударственной энергосистеме «Мир» (Львовская область).

В развитии региона преобладают отрасли агропромышленного комплекса (АПК) и легкой промышленности. Основой АПК являются сельское хозяйство и перерабатывающие отрасли пищевой и легкой промышленности.

В *земледелии* выращивают рожь, лен, хмель, картофель, озимую пшеницу, сахарную свеклу. Значительные площади заняты под пастбищами и сенокосами, садами и ягодниками.

В *животноводстве* ведущей отраслью является скотоводство. Развито свиноводство, овцеводство, птицеводство (особенно выращивание уток и гусей), а также пчеловодство, рыбоводство, кролиководство.

Пищевая промышленность работает на собственном сырье. Развиваются сахарная, спиртовая, плодоовощная, мясная, маслосыродельная, мукомольная и хлебопекарная промышленность.

Легкая промышленность использует местное сырье для развития льняной, кожевенно-обувной, швейной промышленности.

Высокий уровень развития *лесной и деревообрабатывающей промышленности*. Работают деревообрабатывающие комбинаты и мебельные фабрики в Ковеле, Луцке, Ровном, Сарнах. В Костополе находится крупнейший в стране комбинат по производству жилых домиков.

Химическая промышленность выпускает удобрения, товары бытовой химии и пластмассовые изделия. Комплекс химической индустрии представлен преимущественно отраслями горной химии (производство природной серы), добыча калийных и поваренных солей в Калуше, Стебнике, Солотвине. Развивается химико-фармацевтическая промышленность, производство лаков и красок, нетканых материалов.

Развивается стекольная и *фарфорофаянсовая промышленность* в Костополе и Рокитном.

Машиностроительные предприятия региона специализируются на производстве сельскохозяйственных машин, приборов, оборудования для железнодорожного транспорта, автомобилей, строительных инструментов, оборудования для животноводства и кормопроизводства.

Транспорт. Основную долю перевозок берут на себя железнодорожный, автомобильный и речной транспорт. Крупными железнодорожными узлами являются Ковель, Здолбунов, Сарны, Ровно. Речное судоходство развивается по рекам Припять, Стырь, Горынь.

2.3. Природные и культурные достопримечательности

Санаторно-курортное обслуживание и туризм являются одними из особо важных и приоритетных отраслей в Западной Украине. Эти сферы представлены системой учреждений санаторно-курортного лечения, турбаз, экскурсионных станций, баз, домов отдыха и пансионатов. Тут расположены известные здравницы – Трускавец, Моршин, а в предгорье Карпат – Любинь Великий, имеющие бальнеологическое направление.

Основные центры туризма – Львов и другие древние города с историко-архитектурными памятниками (Каменец-Подольский, Черновцы, Ужгород и другие), весь район Карпат с красивыми ландшафтами, самобытной материальной и духовной культурой украинских горцев – гуцулов, бойков, лемков.

Водные ресурсы составляет множество озер (Свитязь, Пулемецкое и др.), рек (Припять, Горынь, Случь, Западный Буг и др.). В регионе находится часть Волыно-Подольского артезианского бассейна.

Волынская область

Область богата историческими памятниками и достопримечательностями. Общее количество археологических, исторических и архитектурных памятников, а также памятников градостроительства и монументального искусства составляет 857.

Основными достопримечательностями области можно назвать: Луцкий замок, Музей истории сельского хозяйства Волыни под открытым небом, Шацкий национальный природный парк, Свято-Успенский собор во Владимире-Волынском и др.

Луцкий замок князя Любарта – один (если не единственный) из немногочисленных сохранившихся архитектурных памятников Украины времен Великого княжества Литовского.

Замок Любарта (XIV в)

Каменный замок был возведен в XIV веке последним правителем единого Галицко-Волынского княжества литовским князем Любартом на месте деревянной крепости, построенной еще в 1000 году великим киевским князем Владимиром.

Замок выстроен из камня, с высокими прямоугольными башнями и мощными, неприступными стенами высотой до 14 м. В плоских полуциркульных нишах, кое-где украшающих фасады башен, как и в оконных проёмах, ещё проступают черты древнерусской архитектуры. Луцкий замок – один из самых древних на территории Украины и Европы.

Шацкий национальный природный парк (Шацк) включён в список биосферных заповедников ЮНЕСКО. Охватывает обширную заповедную территорию на северо-западе Украины, на границе с Польшей и Белорусью. Здесь находится более 30 озёр общей площадью около 70 км². Крупнейшие из них – Свитязь, Пулемецкое, Люцимер.

Шацк. Озеро Свитязь

Свитязь – самое глубокое и второе по размеру (после Ялпуга) озеро в Украине. Его площадь – 26 км², длина – 9,3 км, наибольшая ширина – 4,8 км, максимальная глубина – 58,4 м. Здесь водится удивительная рыба угорь. Озеро хорошо прогревается летом и, имея чистую воду и пологое песчаное дно, пользуется популярностью среди отдыхающих.

Музей сельского хозяйства Волыни

Музей истории сельского хозяйства Волыни под открытым небом (скансен) расположен на территории местного дендрологического парка. Здесь воссоздана жизнь волынских крестьян XIX века. На небольшой территории размещено 12 старых деревянных архитектурных сооружений: церковь, мельница, кузница, белая и курная хаты, хозяйственные постройки и др. Все экспонаты действующие.

Музей под открытым небом (село Рокини)

На территории музея есть постоянные работники, которые ночуют в домах, топят печи, пекут хлеб, держат скот, обрабатывают землю, косят сено.

Свято-Успенский собор во Владимире-Волынском – единственный памятник на Волыни, дошедший до нас со времен Киевской Руси.

Он был заложен в XII веке Мстиславом Изяславичем (будущим великим князем Киевским). «Мстиславов храм» был резиденцией волынских епископов и родовой усыпальницей князей Мстиславичей. Здесь погребён основатель Галицко-Волынского княжества Роман Мстиславич.

Свято-Успенский собор

Храм неоднократно разрушался и отстраивался заново, последняя перестройка 1900 года придала ему древнерусские формы. Рядом расположена колокольня (XV в.), а также дом епископов. На территории собора установлены памятники древнерусским князьям.

Закарпатская область

Область расположена на юго-западных склонах и предгорьях Восточных

Карпат, а также включает Закарпатскую низменность. Территория Закарпатья входила в состав Великой Моравии, Галицко-Волынского княжества, Венгерского королевства, Трансильвании, Австро-Венгрии.

Закарпатская область имеет границы сразу с несколькими государствами – Румынией, Венгрией, Словакией, Польшей. Это не могло не отразиться на разнообразии представленных здесь достопримечательностей, среди которых Ужгородский замок, Музей народной архитектуры и быта, термальные источники в Берегово и Косино, замок Паланок, дворец Шенборнов и др.

Ужгород

Ужгород – административный центр Закарпатской области, один из самых красивых городов Украины, архитектура которого сохранила австрийские и венгерские черты. История города насчитывает более тысячи лет. Первое упоминание о городе датируется IX веком, а город на реке Уж, от которой он и получил свое название, был основан гораздо раньше.

На территории исторического центра практически полностью сохранился архитектурный ансамбль XIX века, а также памятники архитектуры более ранних эпох.

Термальные источники в городе Берегово славятся не только тем, что температура воды в них круглый год составляет 36 градусов выше нуля, но и тем, что воды наполнены такими минералами, как кремний, азот, хлорид и натрий, что способствует лечению опорно-двигательной, нервной, сердечно-сосудистой и других систем. Посещение термальных источников благоприятно влияет на кожу,

Термальные источники

придавая ей омолаживающий эффект и делая ее эластичной.

Закарпатский музей народной архитектуры и быта – это стилизованное этническое село в центре города Ужгород, где собраны образцы деревянного зодчества, типичные для представителей разных народов Закарпатья: долинян, лемков, бойков, гуцулов, венгров, румын.

В музее под открытым небом размещено 7 усадьб, 6 жилых зданий, церковь, колокольня, школа, кузница, мельница. В музее хранится свыше 14 тысяч экспонатов.

Деревянная церковь святого Архангела Михаила

Жемчужиной экспозиции музея считается деревянная церковь святого Архангела Михаила – уникальное культовое сооружение, построенное в 1777 году в селе Шелестово. Она построена из дубовых бревен в стиле лемковское барокко, отличительной особенностью которого является очень высокая изящная колокольня. Высота церкви с колокольней составляет 22 метра.

Замки Западной Украины

В Западной Украине много старинных замков.

Ужгородский замок – одно из наиболее сохранившихся средневековых оборонных сооружений на территории Украины. Возникновение укрепленного поселения славянского племени белых хорватов на Замковой горе над рекой Уж исследователи относят к VII веку, однако впервые оно упоминается в венгерских хрониках в IX веке.

Ужгородский замок

В нынешнем виде Ужгородский замок отстроен после 1322 года, когда город перешел во владение итальянского рода Другетов. Графский дворец-цитадель был окружен мощными стенами с пятью бастионами и широким рвом.

В роскошную резиденцию крепость была превращена в XVII веке. В 1704 году Ужгородский замок ненадолго перешёл под контроль венгерских повстанцев Ференца II Ракоци, а после возвращения австрийской власти на его территории открыли духовную семинарию. В настоящее время в помещении замка размещены экспозиции Областного краеведческого музея.

Замок Паланок в Мукачево – самый известный замок в Закарпатье. Первое упоминание о нем встречается в рукописях XI века, однако точная дата его строительства неизвестна.

Замок Паланок

Первоначально замок служил оборонительным пунктом на перекрёстке торговых и военных путей. В XIII-XIV веке Паланок был собственностью венгерских королей, а в конце XIV века хозяином замка становится подольский вельможа Фёдор Корятович. Тогда же здесь вырыли 85-метровый колодец и глубокие оборонительные рвы.

В XVII веке вдова тогдашнего владельца Паланока выдержала героическую трёхлетнюю осаду, а столетием позже замок стал столицей Трансильвании. Потом здесь перебывали австрийцы и снова венгры (в начале XIX века здесь прятали от наполеоновских войск главную реликвию Венгрии – Святую Корону), а далее замок перешёл в собственность Украины.

Дворец Шенборнов – французский романтизм Закарпатья

Дворец является одним из красивейших замков и хорошо сохранившихся дворцов Украины.

В 1840 году в урочище Берегвар был построен небольшой деревянный охотничий домик. Графы Шенборны со своими гостями любили отдыхать и охотиться в этих местах. И только в 1890 году был возведен каменный замок во французском стиле в духе романтизма.

Отличается замок не только красотой архитектуры, но и символичностью, которую вложили в него создатели. Так, замок имеет ровно 365 окон (как количество дней в году), 52 комнаты (сопоставимо с количеством недель), 12 входных дверей (количество месяцев).

Ивано-Франковская область

Область расположена на западе Украины, входит

Замок Шенборнов

в состав историко-географической области «Галиция», на крайнем юге граничит с Румынией.

Историческая территория Галиция (Галичина) получила свое название от древней столицы княжества – города Галича. Она размещена на перекрестке дорог между Востоком и Западом, Севером и Югом в северо-западной части Украины.

Ивано-Франковщина (Прикарпатье) – самый колоритный карпатский край, расположенный в глубине наивысших горных массивов Украины, окутанный древними мифами и легендами, настоящий кладезь старинных обычаев, обрядов, традиций, многовекового культурного достояния гуцулов, бойков, лемков, покутян, опилян. В области проживают представители более 80 национальностей и народностей.

Здесь находится много достопримечательностей, среди которых Музей «Украинская старина», Туристический комплекс «Буковель», музей Писанка, Национальный парк Гуцульщина и др.

Музей «Украинская старина» (город Яремче)

Экспозиция музея «Украинская старина» воссоздает быт XIX и XX вв. нескольких регионов Украины.

Экспонируются редкие книги (на церковнославянском, латинском и древнееврейском языке), старые фотографии местных жителей, картины и иконы на стекле. В одном из залов вместо картин вывешены расписные тарелки так, как

Музей «Украинская старина»

это делали в старину гуцулы и бойки, украшая свои жилища.

В музее собраны орудия труда горян: прялки, станки для изготовления шерстяных одеял, сундуки бедных и богатых невест, а также праздничные и повседневные наряды гуцулов. Тут есть вышитые сорочки и украшенные цветами юбки, теплейшие кожухи из овчины, сумки, бусы и разноцветные кожаные сапоги.

Не менее интересен сектор, отведенный местным музыкальным инструментам и посуде – повседневной и праздничной, глиняной, деревянной и стеклянной, ввезенной из Австро-Венгрии.

Туристический комплекс «Буковель» – крупнейший и самый популярный горнолыжный курорт Украины. Он расположен на высоте около 900 м над уровнем моря в окружении трех гор – Довги (1372 м), Черной Клевы (1246 м) и Буковеля (1127 м).

Комплекс располагает около 100 км трасс всех уровней сложности (самая длинная трасса – 2106 м), оборудованных десятками подъемников, которые работают в любое время года.

Туристический комплекс «Буковель»

Лыжные трассы «Буковеля» проложены на специально подготовленных склонах с травяной основой. Все трассы защищены от прямых солнечных лучей и оборудованы снеговыми пушками, благодаря чему снеговой покров держится значительно дольше, чем в других местах.

Национальный парк Гуцульщина расположен в живописной лесистой части Покутско-Буковинских Карпат. Его площадь составляет более 32 тыс. га. В рельефе объединены предгорья и горные хребты. В низинной части преобладают лиственные леса, низкогорья покрыты буково-грабовыми лесами, а на высоте растет преимущественно карпатская ель (смерека). Эти места интересны тем, что здесь сохранились старинные ремесла, традиции и обычаи гуцулов.

Национальный парк Гуцульщина

Музей Писанки – музей декоративных пасхальных яиц в городе Коломыя. Это единственный в мире музей, который представляет уникальную коллекцию традиционной украинской миниатюрной живописи на пасхальных яйцах. В коллекции музея более 6000 яиц из разных регионов Украины и стран мира. Здание музея выполнено в форме огромной Писанки (высота 13 м).

Музей Писанки

Львовская область

Территория Львовской области является одним из самых насыщенных архитектурными достопримечательностями регионов Украины. Общее количество памятников истории, археологии, архитектуры, градостроительства и монументального искусства в области – 3934.

Здесь сохранились замки бывших знатных хозяев Львовского края, очень много разнообразных католических, православных, иудейских и других культовых сооружений XVI-XX веков. Широко представлена деревянная культовая архитектура, хранящая традиции народного зодчества Львовщины. Большое архитектурное наследие области имеют сооружения гражданского назначения – многочисленные дворцы, разнообразные особняки XVII-XX веков.

Львов. Город, который на протяжении веков стоял на границе между культурами Востока и Запада, город уникальных архитектурных памятников и ансамблей.

Панорама Львова

В XIII веке он стал столицей Галицко-Волынского княжества, именно тогда князь Данило Галицкий дал городу имя своего сына Льва.

Благодаря тому, что город находился на пересечении главных европейских путей, он быстро стал важным экономическим и торговым центром.

Со Львовом связаны такие выдающиеся события, как печать первой в Украине книги, запуск первого воздушного шара, первого электрического трамвая. Львов – это настоящий музей под открытым небом, его историческая часть вошла в список памятников мирового культурного наследия ЮНЕСКО.

Во Львовской области расположено много замков различных архитектурных периодов и стилей. Построенные при магнатах и королях Речи Посполитой, эти замки не раз оказывались в центре кровопролитных и решающих событий в истории.

В замках Львовщины сочетаются средневековые фортификационные традиции и традиции Нового времени (голландская система фортификаций). Многие замки, построенные и перестроенные в эпоху Ренессанса, несут в архитектуре черты Возрождения, барокко, маньеризма. Замки были богаты интерьерами и коллекциями картин, оружия, книг. В настоящее время во многих замках развёрнуты музейные экспозиции.

Замок Свирж – уникальный памятник оборонной архитектуры постройки XV-XVII веков. Изначально строился как крепость, но после реконструкции в XVII веке утратил свой изначальный вид.

Замок не раз страдал от многочисленных завоеваний. Известно, что во время украинско-польской войны 1648-1654 гг. его завоевывали казацкие отряды, а в 1648 г. – сожгли татары.

В 1672 г. и в 1675 г. он выстоял турецкую осаду и укрыл в своих стенах шляхту, которая бежала из Поморянского замка, расположенного неподалеку.

Средневековый замок в сочетании с живописным пейзажем скал, озер и леса создает неповторимый романтический образ. Здесь проводились съемки фильма «Три мушкетера».

Замок Свирж

Замки Золочевский, Подгорецкий и Олесский входят в туристический маршрут «Золотая подкова Львовщины».

Золочевский замок был построен в XVII веке на средства польского короля Яна III Собеского, на месте бывшего деревянного замка.

На протяжении веков замок был крепостью, королевской резиденцией, барской усадьбой, тюрьмой, учебным заведением. Это было хорошо укрепленное сооружение, которое окружали валы с бастионами и рвы с водой.

Золочевский замок (XVII в.)

В замковом дворе сохранились только Китайский дворец, Большой жилой дворец и значительно перестроенная в конце XIX века надвратная башня.

Китайский дворец

Китайский дворец имеет вид двухэтажной остроконечной ротонды с одноэтажными боковыми пристройками. Большой жилой дворец Золочевского замка – это двухэтажное здание с подвалами. Въездная башня, Китайский дворец, Большой жилой дворец создают великолепный ренессансный ансамбль

В настоящее время Золочевский замок – это музей-заповедник, отделение Львовской картинной галереи. В Большом Дворце представлено более 550 экспонатов – произведения живописи, мебель, гербы государств, королевская казна и др. В Китайском дворце открыт музей Восточных культур, в котором обустроен «чайный зал».

Подгорецкий замок был построен по заказу гетмана Станислава Конецпольского в 1635-1640 гг. Он является ярким образцом соединения бастионного укрепления и ренессансного дворца. Имеет форму квадрата. С трех

Подгорецкий замок (XVII в.)

сторон был окружен бастионными укреплениями, валами и рвами. Интерьеры дворца поражали своих посетителей красотой и богатством. В комнатах дворца хранились вещи, которые принадлежали польскому королю Яну III Собескому. В ансамбль замка входит костел (XVIII в.), парк, который является достопримечательностью садово-паркового искусства, и постоялый двор (XVIII в.).

Олесский замок – один из древнейших памятников архитектуры XIV века, сохранившийся на территории Западной Украины. Впервые упоминается в исторических источниках в 1327 году. Замок находился на границе Литвы и Польши, поэтому за него постоянно шла борьба между этими государствами.

Олесский замок

В XV веке замок перестал выполнять роль оборонительного сооружения и превратился в резиденцию магнатских семей. В 1629 году в замке родился будущий король Польши Ян III Собеский.

На сегодняшний день замок состоит из двух двухэтажных корпусов, замкового двора и надбрамной башни между ними. Во дворе замка расположен 42-метровый внутренний колодец. В Олесском замке находится самое большое в Европе собрание деревянной скульптуры XIV-XIX веков. Рядом с замком находится парк, украшенный старинными скульптурами.

Трускавец

Трускавец – курорт в живописной долине в предгорьях Восточных Карпат, который славится на весь мир своей минеральной водой. В Трускавце имеется свыше 25 минеральных источников и свыше 10 разновидностей минеральных вод.

Наиболее известна минеральная вода «Нафтуся». Она содержит органические вещества, связанные с Бориславским месторождением нефти, которые придают воде специфический привкус и запах нефти. Возможно, отсюда пошло название «Нафтуся», хотя прежде ее называли просто – нефтяная вода. По своему составу и физиологическому действию «Нафтуся» является уникальной минеральной водой. Её применяют для питьевого лечения хронических заболеваний печени, почек и мочевых путей, нарушений обмена веществ.

Ровненская область

Область расположилась на северо-западе Украины и имеет большое количество достопримечательностей, которые представлены 1088 памятниками археологии, 352 памятниками архитектуры, а также 84 памятниками монументального искусства.

Наиболее интересными объектами являются: Базальтовые столбы, Острожский и Дубенский замки, Межирицкий Свято-Троицкий женский монастырь, узкоколейная железная дорога Антоновка, заповедник Поле Берестецкой битвы и др.

Базальтовые столбы

Базальтовые столбы – геологический памятник природы местного значения, уникальное произведение природы. Второе название – «черное золото Украины».

В Ровненской области базальты расположены в виде колон, форму которых создала сама природа. Такого количества базальта в такой форме в Украине больше нет. Интересен также и тот факт, что базальт – вулканическая порода, а место, где он расположен, абсолютно равнинное.

Дубенский замок

Родовой замок князей Острожских был построен в XV веке, принадлежал затем еще нескольким аристократическим родам.

В течение столетий Дубенский замок оставался неприступным – крепостные стены выдержали неоднократные осады татар в XVI веке, казацких отрядов Максима Кривоноса и российского войска в XVII веке.

Во время различных войн XVIII-XIX веков здесь побывали гетман Иван Мазепа, шведский король Карл XII, царь Петр I, полководцы Суворов и Кутузов.

Дубенский замок

Дубенский замок окружен оборонным рвом, через который перекинут мост, ведущий к воротам и надвратному корпусу. В XVII веке замок был укреплен двумя бастионами с башнями. В конце XVIII века замок превратился в настоящий дворцовый комплекс. Под замком находится множество тоннелей и ходов, которые в свое время служили укрытием для местных жителей.

Острожский замок находится в городе Острог. Слово «острог» в переводе со славянского значит «укрепление» или «частокол».

Замок был построен на месте деревянного укрепления Киевской Руси, разрушенного монголо-татарами в 1241 году. На протяжении XIV-XVI веков он был родовым гнездом князей Острожских – богатейших магнатов Речи Посполитой тех времён. Удивительным является месторасположение замка, так как южная и восточная стороны здания упираются в 20 метровый склон, северная и западная части отделены от внешнего мира оврагами и глубокими рвами. Острожский замок является большим комплексом, где расположено не одно историческое здание. На сегодняшний день тут находится 9 музейных залов, в которых представлены экспозиции Острожского краеведческого музея.

Острожский замок

Тернопольская область

Область расположена на Подольской возвышенности; её южная граница проходит по реке Днестр, восточная – по реке Збруч. Достопримечательности области: Свято-Успенская Почаевская лавра, Зарваницкий Марийский духовный центр, Кременецкий замок, Збаражский замок, дворец князей Вишневецких, Пещера Хрустальная и др.

Свято-Успенская Почаевская лавра – второй по своему статусу (после Киево-Печерской лавры) православный мужской монастырь в Украине, расположен в городке Почаев на высокой каменистой горе, возвышающейся над всей окрестностью более чем на 75 метров.

Согласно преданию, обитель основали монахи Киево-Печерской лавры, которые бежали от нашествия татар в 1240 году. Первое летописное упоминание датируется 1527 годом. Монастырь построен на месте

Свято-Успенская Почаевская лавра

явления Божьей Матери, отпечаток ее стопы остался на камне, из-под которого забил целебный источник. Сейчас реликвии находятся внутри Успенского собора. Почаевская лавра богата настенными росписями, скульптурами и орнаментами.

Зарваницкий Марийский духовный центр

Марийский духовный центр – одна из самых почитаемых подольских святынь Украинской Греко-католической церкви. Храм находится на склоне горы у реки Стрипа в селе Зарваница.

Монастырь был основан возле целебного источника, где, по легенде, скитавшийся раненый монах увидел икону Божьей Матери и исцелился. Сначала икона хранилась в пещерной часовне, затем в деревянной церкви, которая не сохранилась (на этом месте водружен каменный крест).

В 1754 году для хранения иконы Божьей Матери Зарваницкой был сооружен каменный храм Пресвятой Троицы.

В 1867 году Папа Пий IX короновал Зарваницкую икону, и монастырь стал

крупным центром паломничества. Здесь находится оригинал чудотворной иконы Божьей Матери Зарваницкой (1240 г.) – одной из древнейших в Украине.

Весь комплекс, включающий собор, надвратную церковь Благовещения, четырехъярусную колокольню, певческое поле и источники, считается чудотворным.

Зарваницкий Марийский духовный центр

Кременецкий замок (XIII век)

Каменный замок на месте древнерусского городища возник в XII веке на вершине Замковой горы (Боны) в городе Кременец.

В XV веке его укрепили оборонными стенами. Расцвет Кременецкого замка связан с именем неаполитанской принцессы Боны Сфорца, жены польского короля Сигизмунда I, который подарил ей Кременец в 1536 году.

Последнее сражение в Кременецком замке состоялось в 1648 году – в течение полутора месяцев польская шляхта укрывалась в стенах крепости, сдерживая осаду казаков под руководством Максима Кривоноса. После ожесточенных боев замок был захвачен и почти полностью разрушен. От крепости на горе Бона уцелели лишь фрагменты стен, ворот и башни над новым домом, колодец начала XVI века, выбитый посреди скал. После последнего сражения Кременецкий замок больше не восстанавливался.

Збаражский замок (XVII в.) – один из шедевров фортификационного искусства, получивший широкую известность благодаря событиям, связанным с национально-освободительной борьбой украинского казачества под предводительством гетмана Богдана Хмельницкого. Замок находится недалеко от центра города Збараж, в парке, на так

Кременецкий замок (XII век)

называемой Замковой горе.

В Збараже существовало укрепленное поселение еще во времена средневековья, но после разрушения монголо-татарами оно в течение многих веков не восстанавливалось, и только в 1626 году на замковой горе было решено построить мощный замок-крепость, который бы способствовал обороне города в тяжелое время. Замок был сооружен в 1626-1631 гг. Древние стены словно являются немыми свидетелями истории – замок посещали Богдан Хмельницкий, Иван Мазепа, Петр I.

Збаражский замок (XVII в.)

До наших дней Збаражский замок дошел в практически первозданном виде с незначительными достройками более позднего периода (два боковых флигеля дворца, казематы).

Дворец князей Вишневецких

Дворец в стиле классицизма с элементами французского ренессанса – главная резиденция княжеского рода Вишневецких (князей, полководцев, правителей, крупнейших землевладельцев Европы).

Дворец князей Вишневецких

Их земельные угодья включали в себя множество крупных городов Левобережной Украины. Но, несмотря на наличие таких огромных территорий в разных уголках Украины, заложить резиденцию решено было именно в Тернопольской области.

На месте оборонительного замка конца XIV века, перестроенного и укреплённого в 1640 году Яремой Вишневецким, в 1720 году было возведено двухэтажное (в ризалитах – трёхэтажное) дворцовое здание. Над сооружением работали украинские, польские и французские архитекторы на протяжении 30 лет. Свой современный вид замок приобрел после перестройки в конце XVIII века. Побывавший здесь в 1848 году Оноре де Бальзак назвал Вишневецкий дворец «маленьким Версалем».

Пещера «Хрустальная» (село Кривче)

Самая известная и наиболее приспособленная для посещения туристами пещера Подолья. Крупнейшая среди гипсовых пещер в Европе – протяжённость исследованной части 23 км. Экскурсионный маршрут по очищенной и освещённой части составляет около 2,5 км, из которых 500 м – входной коридор. Стены пещерных галерей покрыты белоснежными или разнообразных цветов кристаллами гипса, откуда и происходит название.

Пещера «Хрустальная»

Хмельницкая область

Область относится к западно-центральной части Украины и расположена на землях Западного Подолья и Южной Волыни. Здесь протекает одна из самых больших украинских рек – Южный Буг.

Главные достопримечательности: Национальный природный парк «Подольские Товтры», замок в Каменец-Подольском, Жванецкий замок и др.

Национальный природный парк «Подольские Товтры»

Парк создан с целью сохранения природного разнообразия гряды Товтры.

Товтры – это остатки прибрежных рифов, расположенных параллельно древней береговой линии.

Товтры – это местное название скалистой дугообразной гряды, высота которой в пределах парка достигает в

среднем 400 метров над уровнем моря.

За своими физиографическими чертами объект выделяется высокой ландшафтно-пейзажной оценкой. В рельефе Подольские Товтры выглядят как скалистая дугообразная гряда, высота которой достигает 443 метров. Над окружающей Подольской равниной эта гряда поднимается на 60-65 метров. Ее длина достигает 250 км, а ширина – от 15 до 20 км. Отдельные формы поднимаются в виде вытянутого вала или отдельных конусообразных горбов, иногда имеют форму морских атоллов. Наиболее распространенной формой являются кряжи в виде вытянутых валов шириной до 500 метров. Поверхность их большей частью волновая, а склоны выпуклы.

Общая площадь парка – 261316 га (12,5 % территории Хмельницкой области), из них в собственности парка находится 1300 га.

Флора: общее количество видов растений, произрастающих на территории парка — 1700, из них 60 занесены в Красную книгу Украины.

Фауна: общее количество видов животных, проживающих на территории парка – 217, из них 29 занесены в Красную книгу Украины.

Подольские Товтры сегодня не имеют аналогов в континентальной Европе и являются уникальными по своей природе. В мире некоторыми аналогами могут служить похожие по внешним геологическим признакам скалистые гряды Великобритании и США. Идеальным аналогом может быть Большой Барьерный Риф, который находится на северном и восточном побережье Австралии. Однако это геологическое сооружение находится в стадии своего постоянного формирования и изменений. Товтры являются менее протяженными, нежели Большой Барьерный Риф Австралии. Однако их уникальность заключается в том, что украинский парк находится на суше, хотя и сформировался в прибрежной зоне эпиконтинентальных морей.

Каменец-Подольская крепость – идеальное оборонное сооружение, единственный в мире город-крепость. Построенная на живописном скалистом полуострове в XI-XIII вв., крепость отлично сохранилась до наших дней. Оборонительные укрепления в Каменец-Подольском считаются образцом лучших фортификаций Восточной Европы.

С 1434 года Каменец-Подольский стал стратегическим пунктом Речи Посполитой, «крайним бастионом христианства».

Каменец-Подольская крепость

В 1672 году турецкие войска, возглавляемые султаном Магометом IV, после трёхнедельной осады захватили город. 27 лет османы хозяйничали в Каменце.

Национальный историко-архитектурный заповедник «Каменец», который хранит в своих сооружениях и названиях память о присутствии в старом городе поляков, армян, украинцев, турок и татар, включен в список Всемирного наследия ЮНЕСКО.

Жванецкий замок

Пятиконечная оборонная башня на скале над рекой Жванчик – все, что осталось от некогда могучего Жванецкого замка. Он был сооружен в начале XVII века. Однако первые укрепления здесь возникли гораздо раньше. Еще в XV веке литовцы проводили реконструкцию древних укреплений. В конце XVII века замок несколько раз подвергался разрушениям в ходе польско-турецкой войны. Со временем замок обветшал и был полностью разобран.

Жванецкий замок

Черновицкая область

Область расположена на юго-западе Украины по течению рек Днестр и Прут, состоит из историко-географических областей – Северная Буковина и Северная Бессарабия, граничит с Румынией и Молдовой. Северная часть Буковины (без Хотинского района) составляет Черновицкую область, а южная часть находится в Румынии.

В области есть 236 объектов и территорий, относящихся к природно-заповедному фонду, 8 природных памятников государственного значения, дендропарк Черновицкого университета и другие достопримечательности.

Черновцы – город-музей, архитектурные ансамбли которого выполнены в разных стилях. За время своего существования город повидал семь имперских эпох, каждая из которых оставила в Черновцах свой след, поэтому в нем свыше 600 разнообразных исторических и культурных памятников, из которых 17 охраняются государством.

Черновцы

Черновецкий замок – резиденция буковинских митрополитов. Замок сооружен по проекту чешского зодчего Й. Главки в 1864-1882 годах для первого митрополита Буковины.

Черновецкий замок

Бывшая резиденция митрополитов представляет собой дворец из трех корпусов в форме буквы «П» – Главного (Митрополитский), Монастырского (Дом для приезжих) и Семинарского (в нем расположена церковь Трех Святителей).

Комплекс относят к стилю эклектики, преобладающими являются элементы романского и византийского стилей, однако заметны и мавританские, готические, народные буковинские, иудейские мотивы.

В настоящее время на месте бывшей резиденции размещаются корпуса Черновицкого государственного университета

Хоти́нская крепость

111

имени Юрия Федьковича – одного из старейших университетов Украины.

Хотинская крепость (X-XVIII вв.) расположена на крутых склонах правого берега Днестра и является ярким образцом оборонной архитектуры. Находится в городе Хотин – одном из самых древних городов Украины, возникшем в X веке на пересечении важнейших торговых путей из Польши в Молдавию, Иран и Турцию. В это время киевский князь Владимир покорил местные племена тиверцев и уличей, после чего земли от Карпат до Днестра были включены в состав Киевской Руси.

В начале XI века князь Владимир Великий создал систему пограничных крепостей на западе и юге своей державы, в том числе и в Хотине. Кто владел крепостью, тот становился владыкой здешних территорий. За более чем тысячелетнюю историю правителями крепости побывали как украинцы, так и поляки, молдаване, австрийцы, россияне и обратно – украинцы.

Глава 3 | Центральная Украина

乌克兰中部地区

乌克兰中部地区也属于历史文化区，包含文尼察州、第聂伯罗彼得罗夫斯克州、基洛夫格勒州、波尔塔瓦州、切尔卡瑟州。

文尼察市、第聂伯罗彼得罗夫斯克市、克里沃罗格市、基洛夫格勒市、波尔塔瓦市、米尔哥罗德市、切尔卡瑟市、卡涅夫市、乌曼市是乌克兰的重要城市。

乌克兰中部有波多利斯克高地、第聂伯河沿岸高地、第聂伯河沿岸低地。第聂伯河、德涅斯特河、南布格河、因古列茨河等是乌克兰中部的主要河流。卡涅夫水库、克列缅丘格水库也位于乌克兰中部。在乌克兰中部生活着许多不同的民族，但绝大多数都是乌克兰人。

乌克兰中部矿藏丰富，有丰富的褐煤、泥煤、铀、锂资源。食品工业、轻工业、家具业、化工工业、汽车制造业、金属加工业是该地区主要的产业。

该地区的自然条件适合发展农业，如畜牧业中的养猪业、养羊业、养禽业、养蚕业、家兔养殖业、渔业养殖等。乌克兰中部的黑土面积最大，适合冬小麦、大麦、玉米的种植，也适合工艺作物甜菜、向日葵、香精油作物、大麻、香菜等的生长。

该地区有许多历史、自然名胜，如苏博塔夫历史博物馆（1616年）、博戈罗季茨基要塞（1688年）、主易圣容教堂（1734年）、波将金宫（1790年）、三一教堂（1840年）、玛利亚·谢尔巴托娃公爵夫人宫（1885—1917）、乌克兰陶器博物馆、波格丹·赫梅利尼茨基官邸等历史建筑群，还有舍甫琴科国家自然保护保护区、奇吉林国家保护区、波尔塔瓦战役国家保护区、迪康斯基景观公园、索菲耶夫卡家居公园、快乐的波卡文卡第聂伯公园等。

3.1. Общая характеристика региона

Центральная Украина – регион Украины, в который входят Винницкая, Днепропетровская, Кировоградская, Полтавская, Черкасская области.

Часто в понятие «Центральная Украина», кроме упомянутых областей, включают и более северные: Житомирскую, Киевскую, Черниговскую и Сумскую; реже – южные: Одесскую, Николаевскую, Херсонскую и Запорожскую.

В названии региона запечатлено его географическое положение – в центре страны. Здесь находится (в Кировоградской области) географический центр Украины. В прошлом – это территория Гетманщины – украинского казацкого государства, возникшего в результате восстания Богдана Хмельницкого в 1649 году.

Культурными, административными и промышленными центрами региона являются города: Винница, Днепропетровск, Кировоград, Криво́й Рог, Полтава, Черкассы.

В регионе также расположены известные города:

• Канев – город в Черкасской области, основан в XI веке киевским князем Ярославом Мудрым. Расположен на реке Днепр.

• Миргород – город в Полтавской области, один из самых популярных курортов Украины.

• У́мань – город в Черкасской области. В настоящее время Умань известна на весь мир благодаря съезду сюда хасидов во время празднования «Рош-а-Шана» (еврейского Нового года) и Софиевскому парку – одному из самых известных парков страны.

Рельеф. В Центральной Украине крупные массивы смешанных и хвойных лесов соседствуют с просторами степей, есть реки и озера. Большая часть территории региона расположена в пределах Подольской, Приднепровской возвышенностей и Приднепровской низменности, разрезанных водными артериями, среди которых самые большие Днепр, Днестр, Южный Буг, Ингулец и другие. Тут также есть Каневское и Кременчугское водохранилища.

Население региона. Украинцы образуют абсолютное большинство среди населения по всему центру Украины. Именно украинский язык Полтавской области является литературным украинским языком. Трудоспособное населения региона занято в основном в сельском хозяйстве, добывающей промышленности и неметаллоемком машиностроении.

3.2. Социально-экономические особенности региона

<u>Полезные ископаемые.</u> Центральный регион богат различными полезными ископаемыми. Их добыча и переработка являются основой развития отдельных отраслей промышленности. Обширны запасы бурого угля, торфа, урана, лития. Работают графитовый комбинат, а также никелевые заводы. В последние десятилетия здесь открыты и золоторудные резервы.

В регионе большие и разнообразные запасы строительного и декоративного камня. На севере региона разрабатывается крупнейшее в Украине месторождение бентонитовых глин. Каолиновые глины распространены в южных районах Черкасской области. Есть месторождения никеля (Побужье), бокситов, каолина. В Кировоградской области ведутся разработки гранитных, каменных, глиняных и песочных карьеров. В регионе имеются запасы минеральных вод.

В Центральной Украине, благодаря плодотворным почвам и полезным ископаемым, развит как <u>промышленный</u>, так и <u>аграрный сектор</u> экономики. Ведущими отраслями производства является пищевая, легкая промышленность, машиностроение и металлообработка.

Предприятия *пищевой промышленности* – птицекомбинат, консервный, водочный, сахарорафинадный и молочный заводы, мясо-и хлебокомбинаты, табачная фабрика и др.

Ведущая роль принадлежит сахарному производству. В Черкасской области работают 24 сахарных песчаных и 1 рафинадный заводы, на Кировоградщине – 11 сахаро-песчаных заводов.

К отраслям *легкой промышленности* принадлежат швейная, трикотажная, обувная.

Производство *химической промышленности* сосредоточено в Черкасской области, производящей азотные удобрения, химические волокна и реактивы.

Топливно-энергетический комплекс представлен добычей бурого угля, торфа и небольшими тепловыми электростанциями. Электроэнергией регион снабжают Кременчугская и Каневская гидравлические станции, Чигиринская теплоэлектростанция.

Машиностроение и металлообработка – производство машин и

оборудования для сельского хозяйства, пищевой и легкой промышленности, изготовление радиоизделий, подъемно-транспортного оборудования, телеграфной аппаратуры, телевизоров, башенных кранов, буровых машин.

Природные условия региона благоприятные для хозяйственного развития. Преобладают плодородные черноземы, поэтому растениеводство занимает первое место в регионе. Здесь выращивают озимую пшеницу, ячмень, кукурузу. Среди технических культур – сахарная свекла, подсолнечник, эфиромасличные культуры, конопля, кориандр. Развито овощеводство и садоводство.

Ведущими отраслями производства являются скотоводство и свиноводство, вспомогательными – овцеводство, птицеводство, шелководство, кролиководство и прудовое рыбоводство.

<u>Транспорт.</u> Ведущими видами транспорта являются железнодорожный и автобусный. Развит водный транспорт. Основные порты – Черкассы и Светловодск.

3.3. Природные и культурные достопримечательности

В регионе существует много заповедников и дендропарков: Дендропарк «Веселые Боковеньки»; Шевченковский национальный заповедник (город Канев), Национальный заповедник «Чигирин», Национальный дендрологический парк «Софиевка» (город Умань), Ландшафтный парк «Диканьский» (город Полтава) и др.

Винницкая область

Область граничит с семью другими областями Украины, а на юге – с Республикой Молдова. Эта местность обжита уже более тысячи лет – еще в IX веке здесь селились племена, входившие в состав Киевской Руси, и на старославянском «вьно», от которого и произошло название Винница, означало «дар». Более века эта земля находилась во власти Золотой орды, а после XIII века территория вошла в состав Галицко-Волынского княжества. Именно в этот период на винницкой земле стали появляться города-крепости, и их развалины – главные достопримечательности Винницкой области.

В области сохранились разностилевые православные, католические, иудейские культовые сооружения XVI-XX веков. От крепостных зданий остались единичные перестроенные фрагменты. Светские сооружения представлены разнообразными и многочисленными дворцами и усадебными зданиями, парками и памятниками

XVIII-XX вв.

В области находится один из старейших городов Украины – **Немиров**. Он возник в конце XIV века. Первое письменное упоминание о городе приходится на 1506 год. В 1803 и 1811 годах он сгорел дотла, поэтому все местные достопримечательности датированы XIX-XX вв.

Примечательным архитектурным наследием Немирова является дворец княгини Марии Щербатовой. Усадьба была построена известным чешским архитектором Стибралом в стиле классицизма на месте бывшего дворца графа Болеслава Потоцкого.

Дворец княгини Марии Щербатовой (1885-1917 гг.)

По легенде, дворец строился невероятно долго (1885-1917 гг.) из-за того, что гадалка предсказала владелице смерть после завершения строительства. Предсказание сбылось весьма символично – имение экспроприировала советская власть, создав в усадьбе санаторий. Возле центрального входа дворца сохранились скульптуры двух мраморных львов, а также несколько хозяйственных построек, которые используются по своему назначению и в настоящее время. Вокруг дворца находится благоустроенный пейзажный 85-гектарный парк с большой коллекцией различных деревьев и кустарников.

Хмельник – древнейший город Винницкой области, стоявший на берегах Южного Буга еще в XIV веке. Имея по соседству Черный путь, которым во время польских набегов двигались орды завоевателей, Хмельник был обречен превратиться в крепость. Единственным оборонительным

Дворец графа Ксидо

сооружением, уцелевшим с тех времен, является трехъярусная крепостная башня.

Почти сто лет назад на месте бывшего замка появился дворец графа Ксидо. Со стороны реки его серые стены напоминают неприступный строгий замок-крепость, а белый фасад с противоположной стороны – гостеприимный усадебный помещичий дом.

Днепропетровская область

Расположена в юго-восточной части Украины в бассейне среднего и нижнего течения Днепра, самая большая область Центрального региона Украины.

Главные достопримечательности Днепропетровской области – набережная в Днепропетровске, Монастырский остров, Преображенский собор XIX века, Николаевская и Вознесенская церкви, дворец Потемкина 1790 года постройки, Богородицкая крепость, Шолоховский каскадный водопад, а также древние могильники и курганы.

Днепропетровск

Днепропетровск – один из крупнейших промышленных, транспортных и экономических центров страны, известен как «космическая столица Украины». Днепропетровская набережная считается самой длинной в Европе. Ее общая протяженность – более 23 км. Здесь много памятников, скульптур и самая длинная в Украине 50-метровая «семейная» лавочка.

Николаевская церковь (1810 г.) – старейший храм Днепропетровска. Каменная церковь в стиле классицизма построена в Новых Кодаках вместо существовавшей с 1650 года деревянной казацкой церкви.

Николаевская церковь (1810 г.)

Дворец Потемкина (1790)

Дворец Потемкина – одно из первых и наиболее значительных зданий Днепропетровска. Точная дата постройки не установлена – строительство велось между 1786 и 1790 гг. Считается, что сам Григорий Потемкин в своем дворце никогда не бывал. После его смерти здание долгое время стояло в запустении, в 1837 году было реконструировано под дом дворянских собраний. По легенде, из подвала дворца Потемкина к Днепру проложен подземный ход.

Богородицкая крепость построена на правом берегу реки Самара при впадении в Днепр в 1688 году по приказу гетмана Ивана Мазепы. Основными материалами для укрепления крепости послужили земля и дерево. Крепость защищена довольно глубоким и широким рвом, четырехметровым валом и частоколом. Укрепления просуществовали до конца XVIII века.

Богородицкая крепость

Кировоградская область

Область расположена в центре Украины, на правом берегу реки Днепр. Здесь, в поселке Добровеличковка, находится географический (геометрический) центр страны.

На территории области расположены 39 объектов природно-заповеднического фонда, из которых государственное значение имеют памятники природы – Черный Лес, дендрологический парк «Веселые Боковеньки», два заказника «Редьчиное» и «Чернолесское», памятники садово-паркового искусства Онуфриевский и Хутор Надежда.

Дендропарк «Веселые Боковеньки» был заложен в 1893 году. В парке созданы пять основных пейзажей, как бы воспроизводящих в миниатюре природный ландшафт определенной географической зоны.

Дендропарк «Весёлые Боковеньки»

Сегодня дендропарк занимает площадь более 100 гектаров. На его территории насчитывается 963 вида деревьев и кустарников.

Среди наиболее ценных пород в парке присутствует реликтовое дерево гинкго, железное дерево (его древесина тонет в воде), западный платан, болотистый кипарис, редкие породы орехов, липы, клены. В дендропарке собрана уникальная коллекция сирени самых разных цветовых оттенков. Кроме речки, в парке есть три озера и водопад. Парк является одним из самых красивых в Украине.

Полтавская область

Находится на северо-востоке Украины. С летописных времен на территории области сохранились лишь фрагменты земляных фортификационных сооружений. Традиционно древнейшими архитектурными памятниками являются культовые (православные) здания XVIII века. Следующие века представляют собой различные сооружения административного, усадебного и религиозного назначения, парки и всевозможные памятники.

Крестовоздвиженский собор

Самым старинным зданием области является Крестовоздвиженский собор в Полтаве в стиле украинского барокко, построенный в 1699-1709 гг. – это единственное в стране культовое сооружение с семью куполами.

Ландшафтный парк «Диканьский»

Ландшафтный парк «Диканьский»

Диканьский региональный природный парк был основан в 1994 году. На своей большой территории парк объединил несколько исторических, архитектурных и природных памяток.

В состав национального природного парка вошли такие архитектурные достопримечательности XVIII-XIX вв., как Триумфальная арка, Николаевская церковь, колокольня Николаевской церкви, Троицкая церковь, Свято-Троицкая церковь.

Не так давно в парке были найдены остатки пещерного монастыря. По некоторым предположениям, он появился здесь в 1602 году.

Диканьский национальный парк выполняет и природоохранную функцию. Некоторые объекты считаются достоянием страны. На территории парка произрастают еловая и сиреневая рощи. Сохранилось всего 5 сортов сирени, но благодаря большой площади рощи (2,5 га) ее называют самой большой в мире.

Музей украинского гончарства (село Опошня)

Село Опошня – столица украинского гончарства. В этом древнем поселении, известном со времен Киевской Руси, в конце XIX века были основаны Опишнянские керамические мастерские, определившие дальнейшую историю города.

Здесь основан Государственный музей-заповедник украинского гончарства, где нашлось место музею гончарства, комплексу земской губернской гончарной мастерской (1916 г.) и семейным усадьбам-музеям местных гончаров. Посетители могут не только понаблюдать за работой профессионалов, но и оставить свой заказ или приобрести уже готовую продукцию.

Черкасская область

Область находится в центральной части Украины. По ее территории протекает река Днепр и ее многочисленные притоки.

В Черкасской области находятся такие достопримечательности, как Национальный заповедник «Чигирин», Шевченковский национальный заповедник (город Канев), Национальный дендрологический парк «Софиевка» (город Умань) и др.

Национальный заповедник «Чигирин»

Чигирин является национальным историко-культурным заповедником, на территории которого хранятся памятники разных времен, в большинстве – связанные с историей казачества и становлением государственности украинского народа.

Заповедник состоит из города Чигирина, сел Суботов, Стецовка и Медведевка, а также дубово-ясеневого урочища Холодный Яр и Атаманского парка. Чигирин, основанный в первой половине XVI века, стал первой столицей Украины времен гетмана Богдана Хмельницкого.

С 1657 по 1676 гг. Чигирин выбирали своей резиденцией такие гетманы

Замковая гора. Чигирин

Украины: Иван Выговский, Юрий Хмельницкий, Павел Тетеря, Петр Дорошенко.

Останки фортификаций Чигирина казацких времен сохранились на Замковой (Богдановой) горе в центре города. Небольшая Чигиринская крепость, заложенная в XVI веке, служила форпостом Речи Посполитой.

Историко-архитектурный комплекс «Резиденция Богдана Хмельницкого» в Чигирине сооружен на том месте, где в средине XVII века располагалась гетманская столица.

Субботовский исторический музей расположен на замчище родового имения гетмана Богдана Хмельницкого. Имение основал в 1616 году отец гетмана. Унаследовавший имение Б. Хмельницкий построил здесь свою укрепленную резиденцию с оборонительным валом, крепостной башней и Ильинской церковью. Оборонная Ильинская церковь-усыпальница гетмана Богдана Хмельницкого – единственная сохранившаяся постройка родовой усадьбы Хмельницких в Субботове.

Резиденция гетмана Богдана Хмельницкого

Комплекс **Шевченковского национального заповедника** расположен на Чернечей горе недалеко от реки Днепр, в районе всемирно известных Каневских дислокаций, которые являются не только геологическим памятником, но и памятником природы. Они представляют собой уникальную структуру, что отражается в своеобразном рельефе и носит название «Каневские горы». Большинство гряд имеет собственные названия, в частности «Чернеча гора» (или Тарасова гора, Монашеская гора).

Тарасова гора

Тарасова гора – духовная святыня украинского народа, место поклонения памяти поэта Тараса Шевченко, похороненного здесь 22 мая 1861 года.

На территории заповедника (историко-культурного и природно-заповедного фонда) общей площадью 45 га находятся памятники археологии, архитектуры, истории, искусства и природы: могила Тараса Шевченко с памятником; Государственный музей Тараса Шевченко; многошаровое поселение Пилипенкова гора.

Национальный дендрологический парк «Софиевка» является памятником ландшафтного типа мирового садово-паркового искусства конца XVIII – первой половины XIX века. В нем произрастает свыше 3323 видов местных и экзотических деревьев и кустов, среди которых болотный кипарис, сосна Веймутова, тюльпанное дерево, платан, гинкго, ели и многие другие.

Парк «Софиевка» основан в 1796 году владельцем города Умани, польским магнатом Станиславом Потоцким, назван в честь его жены Софии Витт-Потоцкой и подарен ей ко Дню именин в мае 1802 года.

«Софиевка» – один из самых красивых парков Европы. В парке есть и Женевское озеро, и Елисейские поля,

Китайская беседка

ЧАСТЬ 2
РЕГИОНЫ УКРАИНЫ

и «частичка» Китая, и другие удивительные уголки нашей планеты. Парк поражает гармоничным сочетанием воды, камня и пышной зелени.

Храм «Белый лотос» (город Черкассы)

Самый крупный в Европе буддистский храм «Белый Лотос» основан в 1988 году. Его прообразом является некий буддистский храм в Лаосе.

Музей народных ремесел (село Плескачевка)

Музей древнего быта и народных ремесел воссоздает атмосферу сельской жизни XIX века, предлагая посетителям погрузиться в эпоху двухсотлетней давности, попробовать смастерить колесо к телеге или вручную смолоть муку.

Храм «Белый лотос»

Глава 4 | Восточная Украина

乌克兰东部地区

乌克兰东部地区是乌克兰的文化历史区，包括顿涅茨克、卢甘斯克、哈尔科夫等城市。

除顿涅茨克山脊外，东部地区地形大多平坦。该地区的东北边界为中俄罗斯高地支脉，高山纵横交错。

顿河、北顿涅茨河、奥斯科尔河为该地区的主要河流，向南流入亚速海。除河流外，该地区还拥有众多水库及运河，运河途经第聂伯河——顿巴斯和北顿涅茨河——顿巴斯两段。

该地区的主要民族为乌克兰人、俄罗斯人、摩尔多瓦人、罗马尼亚人、希腊人、亚美尼亚人等。

乌克兰东部是乌克兰工业及经济最发达的地区。其经济基础是煤炭、矿业、化工、电力工业、金属加工、机械制造、黑色金属及有色冶金、建材生产等。此外，该地区还有轻工业并正在发展农业工业园区。气候、地形等条件对该地区的农业发展有重要影响，其农作物有向日葵、蔬菜、饲料作物等。该地区的畜牧业专门从事养牛、养猪和家禽养殖。

乌克兰东部有丰富的历史景点和优美的自然风光，包括圣升天修道院、娜塔莉耶夫卡庄园、索列达尔斯克盐矿、斯拉夫扬斯克疗养湖、克列梅涅茨山、德鲁什科斯克石林、羊头悬崖、皇家卢甘斯克悬崖保护区、马尔利山峰（"乌克兰金字塔"）、"白垩纪植物群"保护区、国家自然公园"神山"、卢甘斯克自然保护区、景观公园"麦奥基达"、乌克兰最古老的植物园克拉斯诺库兹克等。

4.1. Общая характеристика региона

Восточная Украина – регион Украины, к которому относят Донецкую, Луганскую и Харьковскую области, лежащие в бассейне Северского Донца. К Восточной Украине также могут относить Днепропетровскую и Запорожскую области.

Культурными, административными и промышленными центрами региона являются города:

- Донецк – столица Донбасса, крупный промышленный, научный и культурный центр.
- Луганск – один из промышленных центров Донбасса.
- Мариуполь – крупный промышленный центр, климатический и грязевой курорт.
- Харьков – второй по величине город Украины, бывшая столица.

Рельеф. Рельеф Восточного региона в основном равнинный, исключая Донецкий кряж. На значительной его части четко выраженные антропогенные формы рельефа (карьеры, терриконы, курганы и др.).

Климат региона умеренно континентальный, с недостаточным увлажнением. Часто бывают засухи, суховеи. Амплитуда зимних и летних температур значительно выше по сравнению с другими территориями страны.

Крупные реки (Дон, Северский Донец, Оскол) удовлетворяют потребности региона не более, чем на 40%. С целью улучшения водоснабжения были построены каналы Днепр-Донбасс и Северский Донец-Донбасс. На территории Харьковской области находится около 50 водохранилищ. С юга регион омывается Азовским морем.

Восточная Украина находится в степной зоне. Леса занимают незначительные территории, преимущественно в виде полезащитных лесополос. Почвы плодородные, в основном черноземные, и при орошении и правильной обработке позволяют выращивать различные сельскохозяйственные культуры. Для региона характерна высокая доля земель, занятых промышленными объектами, населенными пунктами, путями сообщения.

Население региона. Плотность населения здесь наивысшая в Украине, а наиболее крупными городами являются Донецк, Харьков и Луганск.

4.2. Социально-экономические особенности региона

Экономика Восточного региона представлена горнодобывающей,

металлургической, машиностроительной и химической промышленностью.

Особую роль в развитии региона играет расположение на его территории Донецкого угольного бассейна.

Ведущая отрасль хозяйства региона – угольная промышленность, добывающая около 90% украинского угля. На основе местного топлива в регионе сформировалась мощная теплоэнергетика.

Крупнейший в Украине углепогрузочный комплекс. Город Мариуполь

Здесь работают такие крупные электростанции, как Углегорская, Зуевская, Луганская и др., которые производят почти 30 млрд. кВт ч электроэнергии в год.

Традиционно регион является вторым в Украине (после Приднепровья) по объемам производства черных металлов. Крупнейшие предприятия отрасли находятся в Мариуполе, Алчевске, Харцызске, Макеевке, Луганске, Алмазном, Донецке, Краматорске. С черной металлургией связано коксохимическое производство в Горловке, Авдеевке, Макеевке, Алчевске, Стаханове, а также производство огнеупоров.

Цветная металлургия региона представлена производством цинка и свинца, алюминиевых сплавов, проката меди и алюминия из лома.

Машиностроение региона имеет высокий уровень специализации. Здесь находится много предприятий, которые производят оборудование для горной промышленности и металлургии. Важное место занимает и производство оборудования для железных дорог. Луганский тепловозостроительный завод выпускает тепловозы, электровозы, электрички, дизель-поезда, трамваи. Большинство предприятий машиностроения региона уникальные, как, например, производство кранов в Краматорске или изготовления бытовых холодильников и морозильных камер в Донецке.

В регионе сконцентрировано 1/3 мощностей химической и нефтехимической промышленности страны. В Лисичанске находится крупнейшее нефтеперерабатывающее предприятие Украины. Кроме того, здесь есть мощное предприятие по производству соды. Содовый завод действует также в Славянске.

В Северодонецке производят азотные удобрения, кислоты, полимеры. В Рубежном находится крупнейшее в Европе предприятие по изготовлению красителей.

Основными отраслями *легкой промышленности* являются текстильная (Донецк, Луганск, Лисичанск), швейная, обувная (Луганск).

Пищевая промышленность призвана обеспечить значительные потребности региона в продуктах питания. Особенно хорошо развито производство муки (14% украинского производства этой продукции), хлеба, хлебобулочных изделий (19%), подсолнечного масла (19% от его производства в стране).

На солеварни Артемовска и Славянска приходится 3/4 украинской добычи каменной соли.

Развитию сельского хозяйства региона способствуют климатические условия, наличие значительного количества сельскохозяйственных угодий. Здесь выращивают зерновые и кормовые культуры, подсолнечник и овощи.

Животноводство региона специализируется на скотоводстве, свиноводстве и птицеводстве.

Транспорт. По объемам грузоперевозок регион занимает первое место в стране. Здесь самая густая сеть железных дорог, которыми перевозится большая часть грузов. Имеется значительная сеть и автомобильных дорог (общая протяженность почти 14 тыс. км).

По территории региона проходят нефтепроводы Грозный – Лисичанск – Кременчуг и Самара – Славянск, газопроводы Оренбург – Ужгород и Ставрополь – Москва, несколько продуктопроводов. Мариуполь является крупнейшим портом на Азовском море.

Наряду с мощным производственным потенциалом регион имеет хорошо развитый научный потенциал. Особыми направлениями научных исследований являются новые технологии в металлургической и угольной промышленности, машиностроении и энергетике, а также исследования в области физики, математики, здравоохранения и окружающей среды.

Мощный потенциал региона определяет и значительные его позиции в *международной торговле*. Основной экспортной продукцией являются изделия черной металлургии (52% общего экспорта) и химической промышленности. Огромное количество сырья и товаров экспортируется в более чем 100 стран мира.

4.3. Природные и культурные достопримечательности

Среди множества достопримечательностей Восточного региона можно выделить Свято-Успенскую Святогорскую лавру, уникальные меловые скалы Бараньи Лбы, Королевские скалы в заповеднике Луганска, Соледарские соляные шахты, а также множество археологических, архитектурных и исторических памятников.

Донецкая область

Несмотря на то, что Донецкая область является больше промышленной зоной, нежели туристической, здесь также можно найти интересные места.

Соледарские соляные шахты. В городе Соледар находится соляная шахта, которая образовалась на месте, где 250 млн лет назад плескался мелководный залив древнего Пермского моря. Поэтому в данной местности обнаружены огромные залежи чистейшей каменной соли.

Спальни санатория «Соляная симфония»

В результате более ста лет подземных работ в толще Земли возникла система выработок протяженностью свыше 200 км. Стены, пол, потолок – все состоит из соли.

Здесь функционирует спелеосанаторий «Соляная симфония», где с успехом лечат бронхиальную астму, астматический, обструктивный бронхит, хроническую пневмонию, аллергический ринит, дерматит, среднетяжелую форму псориаза, снижение иммунитета, заболевания щитовидной железы.

Воздух в соляных выработках насыщен частицами соли, влажность воздуха 60% и температура 14-16°C – все это благотворно влияет на самочувствие пациентов. Под землей можно увидеть фигуры из соли, сделанные руками народных умельцев.

Каменный лес

Дружковский каменный лес – геологический памятник природы. Он занимает территорию в 1 га, находится возле города Дружковка. Каменный лес создан из деревьев араукарий, их возраст около 250 млн лет.

Прошло очень много времени, на протяжении которого соленые воды Пермского моря вымывали органические вещества из этих деревьев, поэтому и произошло их окаменение.

Стоит заметить, что внешне такой каменный лес мало чем отличается от настоящего, деревья просто намного тяжелее. Некоторые из них достигают в диаметре около одного метра.

Белые меловые скалы

Интереснейшая природная достопримечательность Донецкой области – 100-метровые меловые скалы, которые возвышаются над степью. Они образовались в эпоху мезозойского периода из рыхлого морского осадка древнего моря.

Белые меловые скалы

На восточной околице оголения стоит гора Меч. Возраст меловой горы около 90 млн лет. У подножия горы расположены множество других более мелких скал, выбоин, большие и малые пещеры.

Породы состоят из вертикальных меловых слоев и горизонтальных кремневых прожилок. Некоторые скалы по форме напоминают пальцы или паруса. Кремневые осколки явно живого происхождения. Вероятно, это остатки кораллов древнего океана Тетис.

Национальный природный парк «Святые горы»

Основу комплекса памятников заповедника составляет Свято-Успенская Святогорская лавра (основана в XIII-XVI вв.), расположенная на скалистом правом берегу Северского Донца недалеко от города Святогорск.

В состав парка включены 13 особо охраняемых природных территорий Донецкой области – ландшафтных, лесных, ботанических заказников и памятников природы.

Растительность парка имеет огромную научную ценность. На площади 40,5 тыс. га произрастает 943 вида растений: 27 видов – деревья, 63 – кустарники и 853 – травянистые растения. 48 видов растений занесены в Красную книгу Украины, 20 видов произрастают только на данной территории. Например, меловая сосна в настоящее время в Украине сохранилась только в парке «Святые Горы» и заповеднике «Меловая флора».

Национальный природный парк «Святые горы» (Святогорск)

Довольно разнообразна фауна парка. Здесь водятся более 43 видов млекопитающих, 10 – пресмыкающихся, 9 – земноводных, 40 – рыб.

Лечебные озёра Славянска

Славянск – зона отдыха и оздоровления жителей и гостей Донецкой области.

Соляные озёра Славянска

Город примечателен, в первую очередь, своими рекреационными ресурсами – уникальными лечебными соляными озёрами. Всего их три – Репное, Вейсово и Слепное. Отличаются они занимаемой площадью, глубиной и концентрацией солей в воде. Наиболее благоприятное для купания – озеро Репное с умеренным содержанием соли в воде. Дно покрыто отложениями грязи, которая имеет лечебные свойства.

Соляные озёра Славянска

Заповедник «Меловая флора» – отделение украинского степного природного заповедника. Общая площадь – 1134 га. Экосистема представляет собой комплекс меловой растительности в долине реки Северский Донец.

На территории заповедника произрастают естественные боры с сосной меловой. Боры разного возраста с хорошей жизнестойкостью. Часть растений в заповеднике занесена в Красную книгу Украины. Среди них – меловая сосна, тюльпан дубравный, рябчик русский. 13,4% территории заповедника составляют боры, 10,7% – байрачные леса, 28% – разреженные растительные группы меловых отложений, 32,5% степные растения, 7,5% – другие.

Меловая флора – единственный участок в Украине, где взяты под охрану естественные боры с сосной меловой. Здесь растения, которые во всём мире встречаются только на меловых обнажениях, растут вместе с растениями горных, хвойных и широколиственных лесов.

Луганская область

Область является самым восточным регионом Украины. Она расположена на равнине, идущей от долины реки Северный Донец. На юге ее находится Донецкий кряж, а на севере расположены отроги Среднерусской возвышенности. Благодаря хорошим климатическим условиям и удачному местоположению, эта территория всегда была заселена людьми.

Среди достопримечательностей Луганской области – столкнувшиеся скалы, названные «Бараньими лбами»; Луганский природный заповедник – места, где сохранилась нетронутой девственная природа этого края; таинственная «мергелева гряда» – целостный комплекс каменных и земляных сооружений, которым около 5 тысяч лет (они старше пирамид Египта).

«Бараньи лбы» – наскальное образование верхнемеловых отложений высотой около 50 метров, расположено на правом берегу реки Айдар. Это скалы, сложенные из выступающих на поверхность коренных пород, сглаженные и отполированные движением ледника. Склоны их, обращённые в сторону

Заповедник «Меловая флора»

движения ледника, пологи и особенно гладки, противоположные склоны – обрывисты, часто неровны.

Мергелева гряда («Украинские пирамиды») – комплексный геолого-археологический объект. Возраст курганов – около 5 тысяч лет, предварительная датировка геологической платформы – более 10 млн лет. Комплекс, сооруженны из земли и камня, занимает площадь 1,3 км².

Плато образовано из мергелей и известняков. Здесь расположено множество курганных захоронений бронзового века, кроме того ученые предполагают, что и другие объекты имеют искусственное происхождение. Археологические работы в этом месте ведутся уже более 40 лет, но ученые до сих пор не могут ответить, чьи это курганы. По одной из версий – это неизвестная пока цивилизация, жившая

Мерге́лева гряда́

здесь около 5 тысяч лет назад. Другие археологи считают, что каменные стелы, «улицы» и «стены» – природного происхождения.

Ученые выделяют несколько объектов – «Вторую Великую китайскую стену» и «украинские пирамиды». «Стена» выложена из известняка правильной формы, а «пирамиды» – каменные круги правильной формы. Считается, что Мергелева гряда – древнее святилище. При помощи радиоуглеродных анализов был установлен и минимальный возраст святилища – 5 тыс. лет. По утверждению специалистов, этот памятник на 300 лет старше самой древней египетской пирамиды и лет на 500 старше первого строительного горизонта – Стоунхендж. Это первое открытое в Восточной Европе святилище солярного культа (поклонение богу солнца).

Луганский природный заповедник. Королевские скалы

Самым восточным заповедником Украины является **Луганский природный заповедник.** Он состоит из трех отделений – Станично-Луганское, Стрельцовская и Провальская степь. Общая площадь заповедника составляет 21,22 км.

Основным заданием Станично-Луганского отделения является сохранение и увеличение количества редкого и ценного зверька выхухоля.

Филиал Провальская степь создана с целью охраны лесостепного ландшафта Донецкого кряжа. Особенно интересной является расположенная на его территории природная достопримечательность – Королевские скалы.

Флора и фауна заповедника богата своим многообразием. Многокрасочность степного ландшафта обусловливается обилием разнотравья. Общее количество естественной флоры заповедника насчитывает 1862 вида, в их числе сосудистых растений – 1135 видов, мохообразных – 30 видов, зеленых водорослей – 178 видов, грибов – 494 вида, лишайников – 25 видов, среди которых 186 эндемических видов.

В Луганском природном заповеднике охране подлежат 15 видов растений, занесенных в Европейский красный список, 41 вид – включённый в Красную книгу Украины и 4 вида охраняются согласно Бернской конвенции.

Фауна заповедника насчитывает 2634 вида, в том числе паукообразных – около 250, а насекомых – свыше 2000 видов. Из них в Европейский красный список отнесены 28 видов, в Красной книге Украины отмечены 102 вида и почти две сотни видов причислены к категории особо охраняемых в соответствии с Бернской конвенцией.

Харьковская область

Расположена на северо-востоке Украины. Рельеф области представляет собой волнистую равнину с лёгким наклоном в юго-западном (к бассейну Днепра) и в юго-восточном (к бассейну Дона) направлениях. Главная водная артерия – Северский Донец – является правым притоком Дона.

Харьковская область гордиться своими достопримечательностями. Это дворянские усадьбы, утопающие в великолепных парках, Краснокутский дендропарк, уникальная церковь, копия которой находится в Ницце, музей в Пархомовке с подлинниками Пикассо и Рембрандта и др.

Площадь Свободы. Харьков

ЧАСТЬ 2
РЕГИОНЫ УКРАИНЫ

Харьков – один из самых крупных городов Украины. История города берет начало в XVII веке, когда здесь поселились казаки и просто жители, бежавшие от войн и восстаний, происходивших во времена гетмана Богдана Хмельницкого.

Харьков был основан на месте древнего русского городища, уже к тому времени здесь находился острог с развитой системой подземных ходов, который был перестроен в крепость. В 20-е годы XX века Харьков являлся столицей страны.

Площадь Свободы – центральная площадь города. Входит в двадцатку крупнейших площадей мира. По легенде, на момент сооружения была самой большой площадью в Европе (11,9 га).

Усадьба «Старый Мерчик» считается одной из старейших усадеб восточной Украины. Комплексу больше 200 лет. Это образец дворянской усадьбы периода раннего классицизма. Дворец построен в 1786-1788 гг. и принадлежал известному роду Шидловских, одному из самых крупных землевладельцев Харьковщины.

В комплекс входят дворец, служебный корпус и флигели. На территории парка находится грот, который, по легенде, помогает тем, кто прикоснется к нему, найти свою

Дворцово-парковый комплекс в селе Старый Мерчик

любовь. Также сохранились каменные бабы – уникальные образцы скифского периода. Статус заповедной зоны усадьбе в Старом Мерчике присвоен еще указом Александра III.

Замок в селе Шаровка

Замок в Шаровке специалисты называют архитектурным братом Воронцовского.

Дворец представляет собой смесь нескольких архитектурных стилей: в нем органично уживаются неоготика и ренессанс, стилизованные башни делают похожим на средневековый замок. Он был основан при помещиках Ольховских в начале XIX века.

Во дворце – три зала и двадцать шесть комнат. На территории усадьбы также находятся дом стражи, дом лесника и здание хозяйственного двора. В усадьбе сохранилось большое количество построек XIX века.

Скульптура льва у входа в дом управляющего

Шаровский парк занимает почти 70 га. В нем – очень древние дубы (250-300 лет) и необычная липовая аллея, где ветки у всех деревьев растут вертикально. Кроме того, есть несколько прудов, лес. Специалисты насчитали здесь около 70 различных видов деревьев.

Усадьба Натальевка

Усадьбу, построенную над рекой Мерчик, сахарозаводчик Иван Харитоненко назвал в честь внучки Наталии. Этот шедевр садово-парковой архитектуры был основан в XIX веке.

До настоящего времени сохранились церквушка и отдельные строения усадьбы: ворота, водонапорная башня в готическом стиле, конюшни и домик управляющего, украшенный скульптурами львов. Кстати, львы эти особенные. Скульптор Сергей Конёнков сделал всего три пары подобных изваяний. Одна находится в Натальевке, другая – в Санкт-Петербурге и третья – в дальнем зарубежье.

Не менее уникальна и водонапорная башня – она находится в отличном техническом состоянии и до сих пор снабжает село водой. Главное здание усадьбы не сохранилось.

Как и в Шаровке, здесь интересна не только сама усадьба, но и парк вокруг нее, признанный памятником садово-паркового искусства. Натальевский парк занимает

Спасская церковь

около 50 га. Он делится на две части: верхняя – на правом берегу Мерчика, нижняя – в пойме речки. На территории парка растут ели возрастом до ста лет и дубы – до четырехсот, а также большая коллекция лип.

На территории парка находится Спасская церковь, построенная в стиле псковско-новгородского православного зодчества. По одной из версий, её точная копия находится в Ницце, по другой – в итальянском городе Бари.

Шедевры деревенского Лувра

Картинную галерею в селе Пархомовка часто называют деревенским Лувром или сельским Эрмитажем. В этом историко-художественном музее хранятся оригиналы картин Рембрандта, Пикассо, Ван Дейка, Шишкина, Левитана, Васнецова и других известных художников. Есть здесь и исторические экспонаты – скифские стрелы, древние мечи, рукописные книги. Само здание, в котором располагается музей, – архитектурный памятник, оно построено в конце XVIII века.

Картинная галерея в селе Пархомовка

По предварительным данным, стоимость собранных в сельском Эрмитаже раритетов исчисляется десятками миллионов долларов.

Краснокутский дендропарк

Краснокутский дендропарк

Парк является старейшим в Украине. Его площадь – 13,6 га. В коллекции – 353 вида растений и 29 – животных. Кроме привычных кленов и акаций, в дендропарке прижились платаны и софоры, несколько разновидностей елей, сосен и тополей. Есть и экзотические растения: лианы, пихты, можжевельники, гинкго двухлопастное (или дерево счастья), четыре вида лотосов (красный, розовый, лимонный и кремовый). Наиболее древнее – дерево гинкго, привезенное из Китая. Этот вид сохранился на земле еще с эпохи динозавров.

На территории парка находятся и уникальные подземные сооружения Петропавловского мужского монастыря. По легенде, в годы правления Екатерины II там прятались бунтовщики. Пещеры сохранились, их протяженность около восемнадцати километров.

Половецкие бабы на горе Кременец

Гора Кременец находится в городе Изюм, её огибает река Северский Донец. Кременец – самое высокое место Харьковщины (218 м над уровнем моря), является геологическим памятником природы. Гора интересна обнажениями верхнемеловых и юрских пород с многочисленными останками органического мира.

На самой вершине горы находятся остатки татарского укрепления – «кермена», построенного в XIV веке. Позднее на этом месте располагались русские дозоры.

В 1681 году на горе Кременец начали строить «малый город», с которого и началась история Изюма. От «малого города» местами сохранились развалины крепости, земляной вал и ров. У края шляха поставлены несколько половецких баб (надмогильных камней), в честь того, что именно между Харьковом и Изюмом располагался город Шарукань – столица половцев.

Глава 5 | Южная Украина

乌克兰南部地区

乌克兰南部地区包括敖德萨州、尼古拉耶夫州、赫尔松州、扎波罗热茨州等。该地区主要为黑海沿岸低地和平原。

该地区有乌克兰人、俄罗斯人、白俄罗斯人、希腊人、亚美尼亚人、保加利亚人、摩尔多瓦人、波兰人、塞尔维亚人、中欧人(德国、瑞士、法国人)、波兰、白俄罗斯、犹太人等多民族。

乌克兰南部地区的工业以重工业（钢铁冶炼、有色金属冶炼）、机械制造、能源（这里有欧洲最大的扎波罗热核电站）、化学和石化工业、食品和轻工业为主。农作物为谷类、向日葵、蔬菜和瓜类。畜牧业以家禽业和养猪业为主。

乌克兰南部保留了大量古代、中世纪、近代的洞穴及城市发展的独特建筑。宗教建筑由不同教派的众多寺庙组成，非宗教建筑则主要包括19世纪至21世纪的庄园和别墅建筑，以及宏伟、风格迥异的宫殿：别尔哥罗德—德涅斯特洛夫斯基要塞、新石器时代纪念碑"石头的坟墓"、霍尔季查岛历史文化综合体"扎波罗热塞契"、国家历史和考古保护区"奥利维亚"、地区景观公园"波布日约"花岗岩草原区、地区景观公园"季利古利斯基"、生物环境保护区"多瑙河湿地""新阿斯卡尼亚"自然保护区、阿尔巴特沙嘴、阿列什科夫沙地（欧洲最大的沙地）、黑海别列赞岛、特里克拉森林等。

5.1. Общая характеристика региона

Наибольшей по площади среди областей макрорегиона является Одесская область (33,3 тысяч кв. км).

Крупнейшие города региона:

- Одесса – главная военно-морская база Военно-морских сил Украины.

- Белгород-Днестровский – город на берегу Днестровского лимана, является самым старым городом Украины, входит в десятку самых древних городов мира.

- Херсон – морской и крупнейший на Днепре речной порт.

- Николаев – центр кораблестроения на Чёрном море.

- Запорожье – город на реке Днепр. Является одним из наиболее крупных административных, индустриальных и культурных центров юга Украины.

- Бердянск – город-курорт на Азовском море.

- Симферополь – город в центре полуострова на реке Салгир, один из двух (наряду с Севастополем) крупнейших городов, экономический и культурный центр полуострова.

Рельеф. Регион расположен в Причерноморской низменности и на Подольской возвышенности; преобладают степи и лесостепи.

Главные реки: Днепр, Днестр, Дунай, Южный Буг, Ингул, Ингулец и

Прут. Есть в регионе Каховское водохранилище. В приморской полосе много пресноводных и соленых озёр (Сасык, Сиваш), лиманов (Тилигульский, Березанский, Днепро-Бугский). С южной стороны регион омывается Чёрным и Азовским морями.

Северная часть полуострова занята степью; южные районы полуострова покрыты лесами. Наибольшие высоты отмечены в пределах Главной, или Южной, гряды. Здесь находится самая высокая горная вершина – гора Роман-Кош (1545 м).

Каховское водохранилище на Днепре

Практически вся территория Юго-Востока Украины представлена степной зоной, которая занята чернозёмами, на юге распространены также тёмно-каштановые и каштановые почвы под сухими степями. До XVIII века степи не осваивались, теперь же естественная растительность сохранилась лишь в заповедниках. Ныне для степи характерны травы и ленточные лесонасаждения. Наиболее типичная фауна для степного пояса – это грызуны, полевые птицы и насекомые. Север Одесской области частично находится в лесостепном поясе.

5.2. Социально-экономические особенности региона

Южная Украина или Причерноморье играет исключительно важную роль в формировании геополитического кода государства. Регион расположен в геополитическом центре Евразии на пересечении коммуникаций «из варяг в греки» и запад – восток, включая Дунайско-Черноморский путь. Самая крупная концентрация морских торговых портов в Восточной Европе обеспечивает внешнеторговые связи государства. Близость европейского и ближневосточного рынка, наличие относительно развитой социально-производственной инфраструктуры создают предпосылки для развития открытой экономики.

В регионе развиты черная и цветная металлургия, машиностроение, энергетика, химическая и нефтехимическая, пищевая и легкая промышленность, сельское хозяйство, туристический и рекреационный сектора экономики. Здесь расположено газовое месторождение и Керченский железорудный бассейн.

<u>Промышленность.</u> В регионе действуют более чем 160 крупных промышленных предприятий. Среди них: Черноморский судостроительный завод; Николаевский судостроительный завод «Океан»; Херсонский судостроительный завод; нефтеперерабатывающие заводы в Одессе, Херсоне, Бердянске; Южноукраинская атомная электростанция; ДнепроГЭС и Каховская ГЭС (гидроэлектроэнергетика), а также многие другие крупные предприятия.

Металлургический комплекс региона представлен известными во всём мире предприятиями чёрной и цветной металлургии: «Запорожсталь» – один из мощнейших в Европе металлургических предприятий, производитель стали и чугуна; «Днепроспецсталь» – производитель специальной стали; Запорожский железорудный комбинат; «Украинский графит» – ведущий производитель графитированных электродов; «Запорожский алюминиевый комбинат» – единственный в Украине производитель алюминия и основного сырья для его производства – глинозёма; «Титано-магниевый комбинат» – единственный в Украине производитель губчатого титана, ведущее предприятие по производству германия и кристаллического кремния.

В Запорожье находятся всемирно известные предприятия *машиностроительной области* с высокотехнологическим производством, такие как ПАО «Запорожтрансформатор» и «Запорожабразив».

ПАО «Запорожтрансформатор» – крупнейший в СНГ и Европе производитель силовых масляных трансформаторов и электрических реакторов. Опыт предприятия в области трансформаторостроения оставляет около 70 лет. «Запорожтрансформатор» входит в десятку крупнейших мировых производителей трансформаторного оборудования и занимает 4% глобального рынка этой продукции. География сбыта продукции охватывает 86 стран мира.

Акционерное общество «Запорожский абразивный комбинат» – единственный производитель шлифовальных материалов в Украине и один из крупнейших производителей абразивов в Восточной Европе. Потребители продукции комбината – фирмы из Германии, Италии, США, Японии, Австрии, Польши, Чехии, России и других стран. «Запорожабразив» – ведущий производитель абразивных материалов.

Динамично развивается авиационная промышленность: ОАО «Мотор Сич» – производитель авиадвигателей для самолетов и вертолетов ведущих авиакомпаний (КБ Антонова, Яковлева, Туполева, Бериева, Камова, Миля). Получение сертификата на самолет АН-140 и его модификацию АН-140-100 открыло дорогу к началу его эксплуатации на авиационных линиях Украины и за границей.

Запорожский автомобилестроительный завод (ЗАО «ЗАЗ») – производитель легковых автомобилей, является лидером на рынке Украины. Автомобили, которые сходят с конвейера запорожского автомобилестроителя, отвечают всем известным мировым стандартам качества и безопасности.

Украинское открытое акционерное общество «Азовские смазки и масла» (ОАО «АЗМОЛ») – одно из мощнейших в Украине предприятий по выпуску продукции *химической промышленности*. Основная продукция предприятия – смазки (универсальные, автомобильные, индустриальные, железнодорожные и специальные); смазочно-охлаждающая жидкость; масла (синтетические и минеральные моторные, гидравлические, для холодильных машин, специальные).

Фирмы «Селена» и «Элегант» достойно представляют отрасль *легкой промышленности* не только в пределах украинского рынка, но и плодотворно сотрудничают с партнерами стран Западной Европы. Несмотря на постоянный спрос на продукцию запорожских производителей со стороны ведущих фирм Франции, Великобритании, Германии, Австрии, Швейцарии и др., ОАО «Селена» и «Элегант» открыты для любых форм сотрудничества с заинтересованными предприятиями всего мира.

Энергетический комплекс региона – мощнейший в Украине. На территории Южной Украины размещена Запорожская атомная электростанция – крупнейшая АЭС в Европе, установленная мощность которой составляет 6000 МВ.

В структуре *сельскохозяйственного производства* преобладает продукция растениеводства. Основная техническая культура Запорожской области – подсолнечник. Во всех агроклиматических зонах имеются благоприятные условия для выращивания овощей и бахчевых культур. Приоритетным направлением в развитии животноводства определены такие отрасли, как птицеводство и свиноводство.

Существенные преимущества экономико-географического положения региона определяется близостью моря, соседством с угольно-металлургическими базами и наличием судоходных рек. Он занимает особо важное положение, так как это территория, посредством которой Украина осуществляет экспортно-импортную деятельность со странами Черноморского и Средиземноморского регионов. По территории региона протекают самые крупные реки Украины – Днепр, Южный Буг, Днестр, Дунай, которые участвуют в дальнейшей транспортировке продукции по территории Украины, а также связывают предприятия страны с западными соседями. Для этого создана международная паромная переправа Ильичевск – Варна (Болгария). Также разработана система, обеспечивающая прямую перевозку грузов из придунайских городов Европы через порты Одесской области в страны юго-восточной Азии.

5.3. Природные и культурные достопримечательности

В Южном регионе Украины много объектов природно-заповедного фонда, среди них – Одесские катакомбы, Михайловский Яр, три биосферных заповедника (Аскания-Нова, часть Черноморского биосферного заповедника, Дунайские Плавни).

В дельте Дуная также расположен Тилигульский региональный ландшафтный парк, ландшафтный парк «Гранитно-Степное Побужье», Национальный заповедник «Хортица».

Рекреационные ресурсы: мягкий климат, морские пляжи Азово-Черноморского побережья, лечебные грязи лиманов и озер, источники минеральных вод.

Историко-культурный комплекс «Запорожская Сечь» на Хортице

Остров Хортица – самый крупный остров на реке Днепр, одно из самых уникальных мест Украины. Музеи острова и их богатые экспозиции напоминают о казачьем прошлом Хортицы.

Согласно историческим документам, укрепленное поселение казаков было основано на острове в 1556 году. Этому способствовал Дмитрий Вишневецкий, задачей которого являлась охрана границ Речи Посполитой – польско-литовского государства, в состав которого в те времена входила и Украина.

Историко-культурный комплекс «Запорожская Сечь» на Хортице

Малая Хортица, благодаря своему удобному месторасположению, подходила и для отражения набегов татар, и для осуществления походов на татарские земли. Укрепленное казацкое поселение способствовало заселению края: под защитой войска строились усадьбы, осваивалась земля, разбивались сады, расширялись

Памятник неолита «Ка́менные моги́лы» в Запорожской области

огороды, засевались хлеба, велись и другие виды хозяйственной деятельности. Так дикая, непригодная пустыня, называемая диким полем, облагораживалась, превращаясь в успешное хозяйство.

На южной стороне острова находилась незаселенная территория, получившая название Большой Луг, она предназначалась для охоты, выпаса скота, рыбалки и многих других промыслов, которыми занимались украинские казаки. Вокруг Хортицы – самого крупного Днепровского острова, расположены пороги, скалы и более мелкие острова, которые являются частью национального заповедника.

Каменная могила – небольшой изолированный массив песчаника, размерами примерно 240 на 160 метров, состоящий из крупных каменных глыб высотой до 12 метров. Находится в долине реки Молочной в Запорожской области. Предположительно возник при отвердении песчаных масс бывшей отмели Сарматского моря под влиянием местных минералов, содержащих железо. В дальнейшем подвергался воздушной и водной эрозии, будучи продолжительное время островом реки Молочной. Использовался древним человеком в качестве святилища.

Национальный историко-археологический заповедник «Ольвия»

Когда-то на месте современного заповедника в селе Парутино был один из самых крупных античных рабовладельческих городов Северного Причерноморья – Ольвия Понтийская. В переводе с греческого название переводится как «счастливая». Этот античный греческий город – государство, в котором побывал сам «отец

Национальный историко-археологический заповедник «Ольвия»

истории» Геродот, – было одним из наибольших античных центров в Северном Причерноморье, имело огромную сельскую округу в виде поселений и ферм по берегам моря и его лиманов, торгово-экономические связи с Элладой. Здесь шла торговля, развивалось земледелие, ремесла и наука. Мудрецы Ольвии даже разработали свой собственный календарь и алфавит. Город просуществовал около тысячи лет. Существование Ольвии закончилось в IV веке нашей эры. Сохранились фрагменты греческой черепичной мостовой, храм Аполлона, склепы курганов Зевса.

Остров Березань

Березань – остров в Чёрном море, в 8-ми километрах от города Очаков. На первый взгляд ничем не примечательный остров, находящийся на входе в Днепровский лиман, описан Александром Пушкиным в «Сказке о царе Салтане» (именуется островом Буяном). Между тем, Буян – не выдумка поэта, а мифическое место. Древние славяне верили, что остров Буян – рай на земле.

Остров Березань

До того, как 9 тысяч лет назад уровень воды поднялся, Березань был полуостровом.

На нем находилось первое в Северном Причерноморье античное поселение. Ионийцы (племя древних греков – эллинов) из города Милета основали здесь город Борисфен, а уже славяне использовали его, как опорный пункт на пути «из варяг в греки».

В XVIII веке на острове находилась турецкая крепость, от которой мало что осталось. По длине около километра, по ширине около полукилометра, высота северной части 3-6 м, южной – 21 м. Березань является составной частью историкоархеологического заповедника Национальной Академии наук Украины «Ольвия». Остров необитаем.

Регионально-ландшафтный парк «Гранитно-степное Побужье»

На северо-западе Николаевской области Украины находится регионально-ландшафтный парк «Гранитно-степное Побужье» – горная местность средь степи.

Каменистые берега Северного Буга, многочисленные водопады и гроты – все это создает необычайно красочные виды. Турки называют Северный Буг «Ак-Су», что означает «белая вода».

Трикратский лес

Трикратский лес – общее название государственных заповедных урочищ «Васильева пасека» и «Лабиринт». Через Трикратский лес протекает река Арбузинка. Площадь заповедного урочища – 247 га.

Трикратский лес был высажен в 1870-х годах. Изначально территория леса представляла собой парк, с большим количеством тропинок и мостиков, перекинутых через рукава реки, за что и получила название «Лабиринт». В центре леса расположено озеро.

Наибольшая ценность Трикратского леса – старые 120-200 летние дубы, которых насчитывается более 350. Также примечателен «Миронов сад» – единственное место в Николаевской области, где расположены колонии серых цапель.

Одесские катакомбы – сеть подземных ходов и лабиринтов под Одессой. Большей частью (95-97 %) одесские катакомбы представляют собой подземные каменоломни, в которых добывался строительный камень –

Одесские катакомбы

ракушняк или ракушечник, используемый для постройки города, и благодаря которому молодую Одессу называли «Жёлтым городом». Также в систему катакомб входят полости естественного происхождения – карстовые и дилатансионные пещеры, подвалы, бункеры, дренажные тоннели и прочие подземные полости. В настоящее время длина Одесских катакомб приблизительно 2,5 тыс. км.

Биосферный заповедник «Дунайские плавни»

Заповедник находится в Килийском рукаве реки Дунай и занимает ее приморскую зону. В заповеднике охраняются уникальные для Европы ландшафты дунайских плавней.

Флора заповедника насчитывает 563 вида разнообразных растений, что обусловлено большим количеством нанесенного рекой ила. Среди высокой травы попадаются участки водяной растительности, образованные белыми водяными лилиями, плавунами, а также редкими видами, занесёнными в Красную книгу Украины – сальвинией плавучей и орехом плавучим.

Дунайский биосферный заповедник

Животный мир насчитывает более 5 тыс. видов, среди которых численно преобладают насекомые (до 4,5 тыс. видов). Здесь обитает более 200 видов птиц. Одним из последних достижений ученых заповедника стало восстановление в плавнях Дуная популяции орлана-белохвоста. Акватория заповедника является местом зимовки водоплавающих птиц (около 120 видов), а также местом отдыха птиц во время перелётов. В водах заповедника водится много рыбы. По количеству фауны дельта Дуная является самым богатым местом в Европе.

Региональный ландшафтный парк «Тилигульский»

Тилигульский региональный ландшафтный парк был образован в

1997 году в пределах Тилигульского лимана Одесской и Николаевской областей Украины.

Поводом для создания парка послужило то, что Тилигульский лиман является одним из немногих водно-болотных угодий, где сохранились естественные морские ландшафты.

Экосистема лимана имеет уникальные условия для жизни животных и растительных организмов. Тилигульский лиман – один из чистейших водоёмов северного Причерноморья.

Херсонская область

Область занимает значительную часть севера Причерноморской низменности. На юго-западе омывается Чёрным, а на юго-востоке – Азовским морями. На территории области преобладают степи.

Главные достопримечательности: биосферный заповедник Аскания-Нова, Алешковские пески, остров Джарылгач и др.

Заповедник Аскания Нова – старейший заповедный комплекс Украины. Основан в конце XIX века Фридрихом Фальц-Фейном как частный заповедник «Чапли» на 500 десятинах земли. Здесь сохранен в первозданном виде крупный участок девственной ковыльно-типчаковой степи, где свободно обитают стада диких животных.

Степь в заповеднике Аскания-Нова

Алешковские пески – самый крупный песчаный массив в Европе. Пески складываются из семи участков («арен»). Песчаная арена состоит из покрытых редкой растительностью барханов высотой около 5 м. Сейчас на песках растёт специально насаженный хвойный лес. Безлесным остался участок диаметром около 15 км.

Алешковские пески

Остров Джарылгач

Коса-остров Джарылгач – это 62 км² суши между Джарылгачским заливом, омывающим ее с севера, и Черным морем – с юга. Протяженность этой достопримечательности Причерноморья с запада на восток – 42 км, а максимальная ширина – 4,8 км. Джарылгач – второй крупнейший по площади и длине остров Украины.

На острове археологами были найдены курганы и остатки стоянок эпохи неолита, датированные V-III тыс. до н.э. На средневековых картах Джарылгач назывался островом Росса, а на берегу Джарылгачского залива существовал торговый город Тамирака.

На острове Джарылгач расположен Джарылгачский национальный природный парк. В центре острова бьет холодный источник с чистейшей пресной водой, а вокруг него – больше 400 солевых озер. На острове живут дикие кабаны, олени, муфлоны. У морских берегов можно встретить крабов, рапанов, мидии, креветку, на острове есть лечебные грязи, а в Джарылгачском заливе Черного моря плавают дельфины.

Коса-остров Джарылгач

Вид на Белгород-Днестровскую крепость

Белгород-Днестровская крепость

Это одна из самых крупных в Украине цитаделей (1438-1454 гг.) с 4 круглыми башенками-вежами, имеет 26 башен и 4 брамы. Крепость лежит на скалистом берегу Днестровского лимана и имеет вид неправильного многоугольника. Ранее она состояла из четырёх дворов, каждый из которых имел специфическое назначение.

Все крепостные строения обнесены прочными стенами, протяженность которых достигает 2,5 км. Через 40-45 м куртины были встроены крепостные башни и бастионы. Их первоначальное количество достигало 34, 12 из них являлись полыми боевыми башнями.

Гражданский двор напоминал жилой укрепленный пункт, так как был застроен одноэтажными домами и полуземлянками, не сохранившимися на сегодняшний день. На территорию двора стекалось население города и близлежащих сел во время опасности при подходе врага. Тут в течение карантинного срока (40 дней) хранились товары, привезенные в город.

Ялтинский горно-лесной природный заповедник

Площадь 14 523 га. Флора заповедника включает 78 видов редких растений, занесенных в Красную книгу Украины. Здесь обитает 150 видов птиц, из которых наиболее примечательными

Ялтинский горно-лесной природный заповедник

есть черноголовая сойка, орёл-могильник, дятел, чёрный дрозд, зяблик, щегол, горная овсянка, чиж и другие, на втором месте по разнообразию находится млекопитающие – 37 видов.

Рептилий, обитающих в заповеднике, насчитывается 16 видов. Видовой состав земноводных ограничен всего 4 видами: гребенчатый тритон, кваква, озёрная лягушка, зелёная жаба.

Несколько видов животных, обитающих в заповеднике, занесены

Арабатская коса

в Красную книгу Украины. Общее число видов краснокнижной фауны заповедника – 30.

Арабатская стрелка – узкая и длинная коса в северо-восточной части полуострова, состоящая в основном из ракушечного материала, отделяющая залив Сиваш от Азовского моря. Длина более 100 км, ширина от 270 м до 8 км.

Вода, прогревающаяся летом на мелководьях Азовского моря до +29℃, и воздух, насыщенный ионами брома и йода, делают косу популярным местом отдыха.

Глава 6 Экологическое состояние отдельных регионов

乌克兰的生态状况

乌克兰是欧洲地区人口众多、国土辽阔、资源丰富的国家之一，但工业开发、能源开发和农业发展未能因地制宜，未能重视生态规律，从而导致乌克兰大部分地区（中波列西耶、前喀尔巴阡、黑海沿岸、亚速海、第聂伯河沿岸、顿巴斯）出现了生态问题。
出现生态问题的主要原因是：
•20世纪人为的生态灾难——切尔诺贝利核事故，导致乌克兰经济、社会政治和生态情况急剧恶化；
•工业——冶金、化学、石油加工、机械制造工厂、采石场、选矿厂、军工企业等污染物排放；
•发电设施，尤其是热电厂和发电站——消耗大量石油产品、天然气、煤，产生大量有害气体、浮尘等，其矿渣、煤灰占地数百公顷；
•交通——汽运、空运、海运、河运和铁路运输的废气排放；
•自然生态灾难——地震（喀尔巴阡）、洪水（几乎覆盖所有流域，尤其是山地流域）、滑坡（第聂伯水库、黑海、亚速海沿岸）、沙尘暴（草原、森林草原地区）、火灾（森林洼地、森林草原地区）、雪灾、雪崩（冬季山地地区）、飓风、旱灾；
•多种动植物灭绝——传统生存环境的改变（砍伐森林、开垦草原等）、化学污染物引起的大规模环境污染是多种动植物灭绝的直接原因。为保护动植物，乌克兰政府建立自然保护区，并制定相关动植物保护法，濒危物种被列入红皮书。

С учётом географического положения Украины, разной степени освоенности человеком её различных регионов экологическая ситуация в стране является неоднородной. Территория Украины, за исключением отдельных небольших районов в пределах Карпат, Центрального Подолья, Полтавщины, восточной Винничины, характеризуется как загрязненная и очень загрязненная, а 15 % этой территории отнесено к категории «чрезвычайно загрязненные регионы с усиленным риском для здоровья людей и регионы экологической катастрофы». В эти 15 % входят тридцатикилометровая зона Чернобыльской АЭС, юг Херсонской области, зона, ограниченная линией Днепропетровск – Кировоград – Кривой Рог – Никополь – Запорожье – Днепропетровск, а так же район Донбасса.

К зонам особого контроля с разной степенью загрязненности отнесены 78 районов 12-ти областей, более 2 000 населенных пунктов. Экологически напряженными регионами являются: Прикарпатье (Черновицкая, Ивано-Франковская области), Николаевская область, Сумская область (северная часть), Черкасская область (приднепровская часть), город Киев. Это обусловлено размещением здесь мощных химических и нефтехимических производств.

В некоторых регионах Киевской, Харьковской, Ивано-Франковской, Винницкой, Хмельницкой, Запорожской и Одесской областей уровень загрязнения окружающей среды достаточно высокий вследствие размещения в них крупных объектов электроэнергетики (тепловые и атомные электростанции).

Экологическая ситуация наиболее напряженная в тех регионах, которые имеют наибольшее социально-экономическое значение для государства. Такими регионами правительство признало Донецко-Приднепровский, Полесский, Карпатский и Азово-Черноморский с рекой Днепр.

1. Экологические проблемы крупнейших рек, Черного и Азовского морей

Проблема экологического состояния водных объектов является актуальной для всех водных бассейнов Украины. Пресной водой население и промышленность обеспечиваются преимущественно за счет забора воды из рек. Основные источники пресной воды на территории Украины – стоки рек Днепра, Днестра, Южного Буга, Северского Донца, Дуная с притоками, а также малых рек северного побережья Черного и Азовского морей.

Днепр и Днестр – главные водные артерии Украины, в бассейнах которых проживает почти 80% населения. Когда-то Днепр – одна из крупнейших рек Европы – был чистым, со стабильной экосистемой, которая нормально функционировала тысячелетиями. Основными признаками сложившейся кризисной ситуации являются: строительство на Днепре каскада водохранилищ, которые полностью изменили динамику стока, крупномасштабные мелиорации, строительство ряда крупных промышленных комплексов в бассейне, огромные объемы водозабора для промышленности и орошения, чрезвычайно сильное загрязнение.

В бассейне действуют семь АЭС. Искусственно речной режим Днепра был трансформирован в озерный. Водообмен резко замедлился, создались зоны застоя (замора). Кроме этого, водохранилища значительно ухудшили окружающую среду: поднялся уровень грунтовых вод далеко от берегов; усилилось засоление почв; значительно увеличился уровень загрязнения подземных вод, особенно в нижней части бассейна; изменился водно-солевой режим почв; снизилось содержание гумуса; усилилась эрозия береговой зоны.

Почти 2 тыс. км составляет протяженность береговой линии Украины, которую омывают воды Черного и Азовского морей. Моря сильно загрязнены выбросами неочищенных вод с предприятий черной металлургии, угольной и пищевой промышленности.

Замор рыбы в Азовском море

Экологи придерживаются мнения, что наибольшую опасность акватории Черного моря приносят фосфорные, азотные и канализационные загрязнения, а также стоки удобрений сельского хозяйства.

Маленькое Азовское море подвергается масштабной экологической проблеме: замору рыбы. По всему побережью волны ежегодно выбрасывают на берег несколько десятков тонн мертвой рыбы, в основном всем известного азовского бычка. Из-за нарушений регионального гидродинамического, гидрохимического и теплового балансов водных масс моря постепенно поднимается граница насыщенных сероводородом глубинных вод моря.

2. Донецко-Приднепровский регион

Этот регион занимает около 19% территории Украины, где проживает 28% ее населения. В регионе размещено около 5 тыс. предприятий, среди которых — мощные гиганты металлургии, химии, энергетики, машиностроения, горнодобывающей, угольной и других отраслей промышленности. От предприятий этого региона в атмосферу попадает около 70% общего объема выбросов в

Приднепровье – один из перегруженных производственных регионов

Украине оксидов углерода и азота, серного ангидрида, углеводородов.

В Днепропетровской области есть очень большие промышленные комплексы – потребители сырья, энергии, воды, воздуха, земли, транспорта и вместе с тем отравители окружающей среды практически всеми видами загрязнения (механическими, химическими, физическими, биохимическими). Сконцентрированы они около месторождений полезных ископаемых и больших городов: Кривой Рог, Павлоград, Желтые Воды. Среди этих объектов самыми большими загрязнителями выступают металлургические и химические предприятия.

В атмосферу выбрасывается много окислов азота, сернистого ангидрида, которые выпадают в виде кислотных дождей, вследствие чего снижается урожайность сельскохозяйственных культур.

Это район интенсивного ведения сельского хозяйства. Почвы перенасыщены не только пестицидами и минеральными удобрениями, но и тяжелыми металлами, что негативно влияет как на почву, так и на флору, фауну и здоровье человека.

В области охраны и рационального использования земель мероприятия направлены на создание полезащитных полос, лесных насаждений, террасирование крутых склонов, строительство гидротехнических противоэрозионных, противооползневых объектов, рекультивации земель, применение новых рациональных методов обработки, мелиорации земель.

3. Украинское Полесье

В регионе преобладает сельскохозяйственная антропогенная деятельность, которая базируется на использовании осушенных земель. Некоторые районы, где развита добыча полезных ископаемых (граниты, пески, нефть и газ, торф), страдают от значительного негативного воздействия горнодобывающей промышленности. Особенно вредны для природы разработки сотен карьеров, которые являются дренажом для грунтовых вод.

Огромный вред Полесью причинили научно необоснованные мелиорации, осушение болот, которые играли когда-то очень важную гидрологическую роль регуляторов речного стока на значительных территориях. Около 50% мелких рек стали жертвами необратимых изменений режима стока: в них значительно уменьшилось количество рыбы и других организмов. Нарушились условия восстановления дикой флоры и фауны, резко уменьшились площади болотных видов растений и животных, продолжается истребление лесов.

Замор рыбы в Азовском море

Страшный удар экосистемам Полесья причинила Чернобыльская катастрофа. Актуальным остается контроль качества сельскохозяйственной продукции на содержание радиоактивных и вредных химических элементов. Особо загрязненными остаются земли Черниговской, Житомирской, Киевской областей. Украинское Полесье требует внимания, разработки программы экологического оздоровления и восстановления.

4. Украинские Карпаты

Украинские Карпаты – не только один из наиболее живописных уголков Украины, это также регион важного экологического значения, один из наиболее ценных восточноевропейских оздоровительно-рекреационных объектов, зона ценных лесных массивов, которые очищают воздушный бассейн над значительной частью Восточной Европы. Карпаты вмещают треть лесных запасов Украины, лесистость этой территории – одна з наиболее высоких в Украине (53,5%). Тут растут 2110 видов цветущих растений (50 % фитофонда Украины), много ценных пород деревьев и лекарственных растений.

Карпатские леса находятся под угрозой уничтожения не только от лесоразработок, нарушения почвенного и растительного покровов, выпаса скота на большинстве полян, но и от химического загрязнения, кислотных дождей, которые приходят как с востока, так и с запада, от крупных промышленных предприятий.

Структурные изменения в экономике региона должны предусмотреть повышение рекреационного значения Украинских Карпат для населения не только Украины, но и Центральной и Восточной Европы, уменьшение техногенной нагрузки. Исключительное значение при этом придается сотрудничеству всех стран карпатского региона. Достаточно перспективным является развитие туризма в Карпатском регионе, но туризма цивилизованного, с учетом экологических интересов рекреационных зон и заповедных территорий.

Последствия природных и антропогенных экологических катастроф

Развитию экологического кризиса содействуют также природные экологические катастрофы. В пределах территории Украины физико-географические и геолого-тектонические условия могут содействовать периодическому возникновению таких природных катастроф, как землетрясения (Крым, Карпаты); паводки (практически на всех реках); оползни (побережья водохранилищ Днепра, Черного и Азовского морей); пыльные бури (лесостепные и степные районы); пожары (полесье и лесостепь); крупные снегопады, снежные лавины зимой (в горных районах); ураганные ветры, засухи.

Лесные пожары

Огромный ущерб окружающей среде наносят лесные пожары, периодически охватывающие большие площади: их следствием становится не только исчезновение значительных массивов растительности вместе с обитающими в них животными, но и задымление населённых пунктов.

Развитие природных катастроф активизируется человеческой деятельностью. Из-за вырубки лесов в Карпатах значительно участились катастрофические паводки, снежные лавины, осыпи. За последнее десятилетие в Украине имели место все выше перечисленные природные катастрофические явления, которые причинили большие убытки народному хозяйству, а

Наводнения – основная экологическая угроза на равнине в Закарпатье

иногда приводили и к человеческим жертвам.

С конца XX века власти реализуют ряд программ по ограничению вредного воздействия промышленной и сельскохозяйственной деятельности на окружающую среду. Благодаря охранным мерам удалось остановить сокращение популяций некоторых видов животных и растений, а в отдельных случаях – добиться увеличения их численности. Охраняемые территории занимают 14,63 % суши и 2,98 % морской территории.

Последствия Чернобыльской катастрофы

Ни одна катастрофа XX века не имела таких тяжелых экологических последствий, как Чернобыльская. Эта трагедия не регионального, не национального, а глобального масштаба. В результате катастрофы уже погибло много тысяч человек (50% из тех, кто принимал участие в ликвидации аварии).

Сильным радиоактивным загрязнением поражено 5 миллионов гектаров территории Украины, большая часть которых – сельскохозяйственные угодья. Более 15 тысяч человек живут в зоне опасного для жизни и здоровья загрязнения, около 1,5 миллиона человек проживает на территории, где радиоактивный фон в десятки раз превышает допустимые нормы.

В водах Днепра, Припяти, Киевского водохранилища концентрация радионуклидов и через шесть лет после аварии была в 10-100 раз выше, чем до аварии, а в донных отложениях, особенно иловых, обогащенных органикой, накопилось огромное количество радиоактивной грязи. Большую опасность представляют для окружающей среды около 100 временных могильников вокруг АЭС, в которых находятся более 40 млн м³ твердых отходов,

Чернобыльская АЭС

и саркофаг над взорванным четвертым блоком. Там еще осталось огромное количество радиоактивной грязи, надежность нераспространения которой совсем не гарантирована. Влияние Чернобыльской аварии на здоровье людей очень значительно и будет проблемой для нескольких следующих поколений.

Литература

1. Административное деление Украины. – [Электронный ресурс]. – Режим доступа: http://www.ukrexport.gov.ua/rus/about_ukraine/ukr/3069.html
2. Административное деление Украины. – [Электронный ресурс]. – Режим доступа: nado.znate.ru/Административное_деление_Украины
3. Административное деление Украины. – [Электронный ресурс]. – Режим доступа: http://ukrainian.su/administrativnoe-ustroystvo/administrativnoe-delenie-ukrainyi.html
4. Административно-территориальное деление Украины. – [Электронный ресурс]. – Режим доступа: http: //ukrmap.su/ru-g8/25.html
5. Высшее образование. Внешнее независимое тестирование. – [Электронный ресурс]. – Режим доступа: http://www.abiturient.in.ua/ru/osvita
6. Географическое положение Украины: Рельеф и почвы. Реки – [Электронный ресурс]. – Режим доступа: http://ukrainian.su/geograficheskoe-polozhenie/
7. Географическое расположение Украины. – [Электронный ресурс]. – Режим доступа: http://ukrexport.gov.ua/rus/about_ukraine/geo/?country=ukr
8. География международного туризма. Страны СНГ и Балтии. – Мн.: Аверсэв, 2004. – 252 с.
9. Гисем А.М. История Украины. 10-11 класс: Наглядный справочник / А.В. Гисем, А.А. Мартинюк. – К.; Х.: Веста, 2007. – 152 с.
10. Гончарук А.З. Пріоритетні питання політики України щодо країн Азії. Аналітична доповідь // А.З. Гончарук, О.К. Микал, А.М. Кобзаренко. – К.: НІСД, 2011. – 46 с. – [Электронный ресурс]. – Режим доступу: http: // www.niss.gov.ua/content/articles/files/pyt_Azya-dbec8.pdf
11. Горбылева З.М. Экономика туризма / З.М. Горбылева. – Минск: БГЭУ, 2004. – 478 с.
12. Государственная символика Украины. – [Электронный ресурс]. – Режим доступа: http://www.kmu.gov.ua/control/ru/publish/article?showHidden=1&art_id=18992065
13. Государственная символика Украины. – [Электронный ресурс]. – Режим доступа: http://www.csp-design.org/index_05.html
14. Государственное устройство Украины. – [Электронный ресурс]. – Режим доступа: www.ua.spinform.ru/stroi.html
15. Государственный строй и административно-территориальное деление. – [Электронный ресурс]. – Режим доступа: http://ukrmap.su/ru-g9/901.html
16. Государственный строй Украины. – [Электронный ресурс]. – Режим доступа: http://tribun.org.ua/?id=290
17. Джуган В.О. Склад водного фонду України. – [Электронный ресурс]. – Режим доступа:

http://www.nbuv.gov.ua/old_jrn/Soc_Gum/Pjuv/2011_1/Visnyk_2011_1/Dzhugan.pdf
18. Животный мир Украины. – [Электронный ресурс]. – Режим доступа: http://biofile.ru/bio/20171.html
19. История Украины от Древнейших Времен и до XXI века // Л.И. Кормич В.В. Багацкий. – [Электронный ресурс]. – Режим доступа: http://histua.com/ru/knigi/istoriya-ukrainy-ot-drevnejshih-vremen
20. История Украины. – [Электронный ресурс]. – Режим доступа: uahistory.kiev.ua
21. Конституция Украины. Историческая справка. – [Электронный ресурс]. – Режим доступа: http://rian.com.ua/dossier/20110628/78783957.html
22. Коротко история Украины с 1991 года. – [Электронный ресурс]. – Режим доступа: kalvadosn.livejournal.com/39458.html
23. Краткие сведения об Украине. – [Электронный ресурс]. – Режим доступа: http://sngcom.ru/ukraine/about.html
24. Личности. Знаменитые писатели, поэты. Украина. – [Электронный ресурс]. – Режим доступа: http: // lichnosti.net/list_prof_33_country_1.html
25. Личности. Знаменитые спортсмены Украины. – [Электронный ресурс]. – Режим доступа: http: // lichnosti.net/list_prof_15_country_1.html
26. Лучшие учебные заведения регионов Украины. – [Электронный ресурс]. – Режим доступа: http: // ru.osvita.ua/vnz/rating/25716/
27. Майко В.А. Зовнішньополітичні та економічні пріоритети України у країнах Центральної, Південної і Південно-Східної Азії / В.А. Майко // Економічний часопис. – 2011. – № 9–10. – С. 3–7.
28. Мокрецкий А.Ч. Китайско-украинские отношения в свете концепции «стратегического равновесия» Украины / А.Ч. Мокрецкий // Китай в мировой и региональной политике. История и современность. – Вып. XVIII / Составитель, отв. редактор Е.И. Сафронова. – М.: ИДВ РАН, 2013. – С. 232–253.
29. Население Украины 2016 / Численность населения Украины. – [Электронный ресурс]. – Режим доступа: http://countrymeters.info/ru/Ukraine
30. Население Украины. – [Электронный ресурс]. – Режим доступа: http://www.countrymeters.info/ru/Ukraine/
31. Образовательно-квалификационные уровни. – [Электронный ресурс]. – Режим доступа: http://enic.in.ua/index.php/ru/sistema-obrazovania/vysshee/obrazovatelno-kalifikacionnie-urovni
32. Орест Субтельний: Історія України (видання 1991 року). – [Электронный ресурс]. – Режим доступа: http://uahistory.kiev.ua/subtelny/s1.phtml
33. Офіційний сайт Державної служби статистики України. – [Электронный ресурс]. – Режим доступу: www.ukrstat.gov.ua
34. Пирожник И.И. Основы географии туризма и экскурсионного обслуживания / И.И. Пирожник. – Минск, 1985. – 253 с.
35. Погода и климат в Украине. – [Электронный ресурс]. – Режим доступа: http://7morei.ua/country/ukraine/pogoda
36. Подробная история Украины. – [Электронный ресурс]. – Режим доступа: http: ukrmap.org.ua/Pages/Ukraine_history.html
37. Радзієвська С.О. Торговельно-економічні зв'язки України з країнами ЄС та ЄЕП: сучасний стан та перспективи розвитку / С.О. Радзієвська // Зовнішня торгівля. – 2013. – № 3. – С. 42–62.
38. Развитие туризма в Украине. Реферат. – [Электронный ресурс]. – Режим доступа: www.

bibliofond.ru/view.aspx?id=480335

39. Растительность и животный мир Украины. – [Электронный ресурс]. – Режим доступа: http: // worldofscience.ru/geografija-mira/2838-rastitelnost-i-zhivotnyj-mir-ukrainy.html

40. Растительность и почвы Украины. – [Электронный ресурс]. – Режим доступа: https://worldofscience.ru › География мира

41. Ратанова М.П., Бабурин В.Л., Гладкевич Г.И., Горлов В.Н., Даньшин А.И. Экономическая и социальная география стран ближнего зарубежья: пособие для вузов. – [Электронный ресурс]. – Режим доступа: http://knigi.link/sotsialnaya-geografiya-ekonomicheskaya/prirodnyie-usloviya-44628.html

42. Регионы Украины. – [Электронный ресурс]. – Режим доступа: http://www.zagorodna.com/ru/regiony-ukrainy

43. Регионы Украины: кто сколько производит. Экономика. – [Электронный ресурс]. – Режим доступа: http: // vybor.ua/article/economika/regiony-ukrainy-kto-skolko-proizvodit.html

44. Рейтинг вузов ТОП-200 Украины 2016 года. – Освіта. UA. – [Электронный ресурс]. – Режим доступа: http: // ru.osvita.ua/vnz/rating/51454/

45. Реки, озёра и моря Украины. – [Электронный ресурс]. – Режим доступа: http:// fishukraina.io.ua/s107250/reki_ozera_i_morya_ukrainy

46. Реки, озера, моря Украины. – Географическое положение – Туризм. – [Электронный ресурс]. – Режим доступа: http: // ukrainian.su/geograficheskoe-polozhenie/reki-ozera-morya.html

47. Религия в Украине. – [Электронный ресурс]. – Режим доступа: http://www.best-country.org/europe/ukraine/religion

48. Самые длинные реки Украины. – [Электронный ресурс]. – Режим доступа: http: // ua-travelling.com/ru/article/rivers

49. Сельское хозяйство Украины. – [Электронный ресурс]. – Режим доступа: http://info-country.ru/ukraina_obshaya_informaciya_o_strane-976.html

50. Система здравоохранения Украины. – [Электронный ресурс]. – Режим доступа: http: // medpharmconnect.com / Ukrainian_market / Ukrainian_Healthcare_System.htm _

51. Система образования в Украине. – [Электронный ресурс]. – Режим доступа: https://www.eduget.com/news/sistema_obrazovaniya_v_ukraine-117

52. Система образования в Украине.– [Электронный ресурс]. – Режим доступа: http://enic.in.ua/index.php/ru/sistema-obrazovania

53. Система образования на Украине: высшее, школьное и дошкольное. – [Электронный ресурс]. – Режим доступа: http: // edunews.ru/education-abroad/sistema-obrazovaniya/Ukraina.html

54. Система образования Украины, ее структура. – Онлайн библиотека. – [Электронный ресурс]. – Режим доступа: banauka.ru/297.html

55. Средства массовой информации в Украине. – [Электронный ресурс]. – Режим доступа: http://see-you.in.ua/ru/page/sredstva-massovoi-informatsii-v-ukraine

56. Страны мира – Украина. Общая информация о стране. – [Электронный ресурс]. – Режим доступа: http://info-country.ru/ukraina_obshaya_informaciya_o_strane-976.html

57. Торгово-экономические связи Украины со странами Шанхайской Организации Сотрудничества / С.О. Родзиевская. – [Электронный ресурс]. – Режим доступа: http: // economy.kpi.ua/ru/node/626

58. Туризм и отдых в Украине. Достопримечательности Украины. – [Электронный ресурс]. – Режим доступа: http: // otdyhaem.com.ua/

Литература

59. Туризм: практика, проблемы, перспективы // Материалы Международной научно-практической конференции. – Минск, 2001.
60. Украина – информация о стране. – [Электронный ресурс]. – Режим доступа: http://www.fortuna-travel.com/catalog/ukraine/ukraine-info.shtml
61. Украина – климат. – [Электронный ресурс]. – Режим доступа: http://www.svali.ru/climat/91/index.htm
62. Украина. Государственное устройство. Правовая система. – [Электронный ресурс]. – Режим доступа: http://kommentarii.org/strani_mira_eciklopediy/ukraina.html
63. Украина. Природные условия и природные ресурсы. – [Электронный ресурс]. – Режим доступа: http://www.travellers.ru/city-rub-ukraina-21
64. Украина. Семь чудес Украины. – [Электронный ресурс]. – Режим доступа: https://sites.google.com/site/semcudes/ukraina-1
65. Украина. Художники Украины (современные украинские художники). – [Электронный ресурс]. – Режим доступа: http://www.picture-russia.ru/country/2
66. Украинская кухня и украинские блюда. Рецепты блюд. – [Электронный ресурс]. – Режим доступа: http://ukraine-in.ua/ukrainskaya-kukhnya
67. Украинская национальная кухня – традиционные блюда. – [Электронный ресурс]. – Режим доступа: http://www.outdoorukraine.com/content/view/124/201/lang,ru./
68. Характеристика основных этапов истории Украины. – [Электронный ресурс]. – Режим доступа: http://ua-ihistory.ru/index.php/2010-05-04-16-31-23/harakteristika-osnovnyh-etapov-istorii-ukrainy.html
69. Характеристика отраслей промышленности Украины. – [Электронный ресурс]. – Режим доступа: http://uchilok.net/geografia/687-xarakteristika-otraslej-promyshlennosti-ukrainy.html
70. Шаповал Г.Ф. История туризма: учебное пособие для вузов / Г.Ф. Шаповал. – Минск, 1999. – 304 с.
71. Шесть университетов Украины попали в рейтинг лучших вузов мира. – [Электронный ресурс]. – Режим доступа: http://obozrevatel.com/society/75689-shest-universitetov-ukrainyi-popali-v-rejting-luchshih-vuzov-mira.htm
72. Юревич И.С. Развитие туризма в Украине. – Минск, 2010. – [Электронный ресурс]. – Режим доступа: http://xreferat.com/103/1257-1-razvitie-turizma-v-ukraine.html

（访问时间，2019年2月）

本书另配有方便课堂教学的电子课件，特向使用本教材的教师免费赠送。相关专业任课教师，请完整填写本页下方的"教师联系表"，拍照发送至：pup_russian@163.com 我们将为您提供下载链接。

教师联系表

教材名称	《乌克兰区域概况》			
姓名：	职务：	职称：		邮编：
通信地址：				
电子邮箱：				
学校地址：				
教学科目与年级：			班级人数：	

欢迎关注微信公众号
"北大外文学堂"
获取更多新书信息